# そのブログ!「法律違反」です

## 知らなかったではすまない知的財産権のルール

前岨 博・早坂昌彦・石塚秀俊

ソフ、

# はじめに

ここ数年のインターネット技術やデジタル技術の進展と普及には、めざましいものがあります。

パソコンや携帯電話でインターネットに接続し、世界中の情報を瞬時に閲覧したり、ホームページやブログを作成して広く情報発信することができるようになっています。情報をめぐるこれらの行動は、少し前までは想像もできなかったことです。

また、デジタル技術の進展によって、写真や音楽などを簡単に加工できるようにもなりました。これにより、コンテンツが格段に身近になったといえます。

しかし、写真や映像・音楽などを加工したり、コピーしたり、さらにはインターネット上に公開するといったことが手軽に行えるようになることは、文化の発展に寄与すると同時に、これまであまり留意されなかった問題や紛争を引き起こす可能性をも増大させています。

街中で偶然出会った有名人を、携帯電話のカメラで写してブログに掲載することは、携帯電話とパソコンさえあれば、難しい知識や技術などなくても誰にでもできます。

　フリーペーパーやフリーマガジンに掲載されているコミックやコラムをパソコンに取り込んで、インターネットで配信するということもできます。

　しかし、簡単にできるからといって、こうした行為に問題はないのでしょうか？

もしかしたら、あなたのブログが知らず知らずのうちに、法律を犯している可能性もあるのです。仮に違法な行為があったとして、それが違法なのは「なぜ」でしょう？

　こうした問題の背後には、「知的財産権」という権利が関係しています。

　知的財産権というのは、動産や不動産に対する所有権などの権利とは違い、映画や音楽・絵画・小説などの著作物や、発明やデザイン、商標などに対する権利です。

　さまざまなコンテンツの取り扱いが身近になったということは、同時に、知的財産権が身近になったともいえます。ふだん法律などには無縁だと思っている方であっても、この権利の取り扱いについて、最低限知っておくべき時代になっています。

　また知的財産権は、個人レベルにとどまらず企業にとっても、これまで以上に重要性を増しているといえます。

政府が知的財産立国を標榜し、知的財産権に関連する法令の整備や制度改革が進むにつれ、企業の知的財産権に対する意識は格段に高まっています。特許権を使ったビジネス戦略はもとより、インターネットや携帯電話を利用した新しいコンテンツ・ビジネスやエンターテインメント・ビジネスには、多数かつ複雑な知的財産権にまつわる権利処理が必須です。

本書は、できるだけ身近な例を題材にして、「今知っておきたい」知的財産権について、わかりやすく解説しています。

「知的財産権」という言葉を初めて耳にする方や、聞いたことはあるけれど難しそうだからと敬遠していた方に是非お読みいただき、少しでも「知的財産権」の世界に関心をもっていただけたら幸いです。

二〇〇八年二月

東京丸の内・春木法律事務所

弁護士　前峒　博（著者代表として）

# 目次

## 第二章　あなたの知らない知財 ―― 55

# 第一章　あなたのブログは大丈夫？

本章では、主に個人活動にまつわる法律相談を取り扱います。

## Question 1

# 有名人の写真を勝手にブログに載せてもいい？

表参道を歩いていたら、人気俳優が一人で買い物をしている姿を発見！

お店から出て来るのを待って、持っていたデジカメで写真を撮っちゃいました。

本人も撮られていることに気づいていましたが、注意はしてきませんでした。

とてもかっこ良く撮れていたので、早速自分のブログに掲載しました。問題はあるでしょうか？（20代女性）

# Answer

**☆他人の写真を無断でネット配信することは肖像権侵害にあたり得る。**
**☆著名人の肖像などに対しては、パブリシティ権の侵害となり得る。**

自分の知らない所で、勝手に自分の写真が公開されていたら、普通の人は快く思わないでしょう。自分の意思に反して自分の姿を他人の目にさらされないことは、権利として保護されるべき利益といえます。このような権利を、肖像権といいます。

つまり、他人の写真を無断でブログに貼り付けたりする行為は、その人の肖像権を侵害する行為となり得るわけです。

撮影の対象が、一般人ではなく有名タレントなどの場合、その顔や氏名などの情報は、商品の宣伝や販売を促進する力を持っています。「パブリシティ権」とは、このような力（顧客吸引力）のもつ経済的な利益を、排他的に支配する権利のことをいいます。

したがって、有名タレントなどの写真を無断で使って、自社製品の売り上げ促進に利用するといった行為は、パブリシティ権の侵害となります。

では、個人のブログにタレントの写真を貼り付ける場合はどうでしょうか。

この場合、通常はパブリシティ権の侵害とはいいにくいかもしれませんが、最近では個人のブログであっても、広告塔としての影響力をもったものも出てきていますから、態様によってはパブリシティ権の侵害に当たるケースも出てくるかもしれません。

ところで、自分で撮ったのではなく、雑誌などに掲載されているタレントの写真は、通常はそれ自体が著作物です。写真の著作物の著作権は、写真家またはタレントとマネジメント契約を結んでいる事務所などがもっています。

他人が著作権をもっている著作物を、著作権者に無断で利用する行為は、著作権侵害となり得ますので注意が必要です。

では、タレントにお願いして撮らせてもらった写真の場合はどうでしょう。

この場合、撮影者はあなたであり、その写真の著作権者もあなたです。第三者が撮ったものではないので、前述の著作権侵害の問題は起こらないでしょう。

ひと昔前であれば、そのような写真は個人的に楽しんだり、友達に見せて自慢するくらいがせいぜいでした。しかし、インターネットやデジタル技術が普及した最近では、パソコンに画像を取り込んでブログに貼り付けられて、世界中に公開される可能性も、あらかじめ予期される事態です。このような状況下では、撮影される側もそうした可能性を予期しているといえなくもないでしょうから、個人のブログにそのような写真を貼り付けても、クレームが来るということは考えにくいかもしれません。

ただ厳密に考えれば、写真を撮ることに同意したといっても、その同意の内容として、ブログに貼り付けて広く一般に公開することにまで同意していたと言えるかは、微妙な問題が残ります。特にプライベートな写真などは、それがインターネットで公開されることは望まないのが通常ではないでしょうか。

# Question 2

## ブログにモーツアルトの音楽データを載せてもいい？

家内が半年前に妊娠しました。「胎内にいる子にモーツアルトを聴かせると頭が良くなる！」という噂を耳にしまして、ついついモーツアルトのＣＤをたくさん買い込んでしまいました。家内にその話をすると、彼女の妊婦仲間もモーツアルトの曲を聴きたがっているとか。そこで、個人ブログにモーツアルトの音楽データを載せ、みんなが聴けるようにしてみました。結構聴いてくれているようで、感謝のメールまでもらっています。個人的なブログだし、聴くのも友人だけだし、問題ないですよね？（30代男性）

## Answer

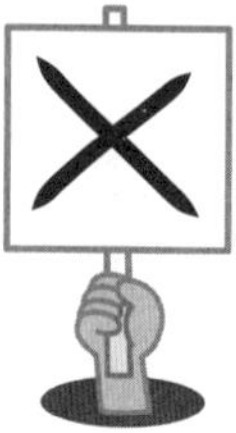

**☆著作権の保護期間は、作者の死後50年。**
**☆音源を使用するには実演家やレコード会社の許諾が必要。**

著作物に対しては、著作権による保護を受けられます（著作権の中身については、31頁「著作権の図」を参照）。

ただし、著作権による保護も無期限ではありません。

日本の著作権法では、著作権の有効期間は、原則として作者の死後50年です。これを超えた著作物は、原則として自由に利用することができます（左図参照）。つまり、一人の作者が複数作品を制作していた場合、その人の死後50年が経過した時点で、全作品がいっせいに期限切れになります。このような、権利の保護期間の終了した状態を「パブリック・ドメイン」といいます。

著作者が誰なのかわからないような「作者不詳」のものについては、公表後50年を

| | 著作者の名義等 | 存続期間 |
|---|---|---|
| ① | 自然人 | 著作者の死後50年経過まで |
| ② | 自然人（無名または変名） | その著作物の公表後50年経過まで |
| ③ | 法人等団体（公表あり） | その著作物の公表後50年経過まで |
| ④ | 法人等団体（公表なし） | その著作物の創作後50年経過まで |
| ⑤ | 映画の著作物（公表あり） | 公表後70年経過まで |
| ⑥ | 映画の著作物（公表なし） | 創作後70年経過まで |

著作権存続期間の例

※それぞれの期間の起算日は、著作者の死亡した日、著作物が公表または創作された日の属する年の翌年の1月1日。

経過することで保護期間が終了します。

したがって、著作者の死後50年以上経過している場合には、その著作物である音楽をブログで使っても問題ないように思えます。

しかし、音楽の演奏については、実は実演家やレコード製作者の権利もあるのです。音楽を演奏した演奏家、その演奏をレコードに固定したレコード会社には、「著作隣接権」が付与されています。

著作隣接権も、著作権と同様の保護を受けます。ですから、著作隣接権者に無断で著作物を利用することはできません。

今回のケースの場合、確かにモーツアルト自身の著作権は消滅しているでしょうが、音源であるレコードやＣＤから無断で音楽を利用することはできず、著作隣接権を有する実演家やレコード会社の許諾が必要ということになります。

なお、欧米では著作権の保護期間が70年に延長されており、日本もこうした欧米の保護期間に合わせるべきとの意見もありますが、著作物の自由な利用による文化発展の効果も考慮して、慎重に検討する必要がありそうです。

## Question 3
# アニメキャラを勝手に使って同人誌を販売しても大丈夫？

私の友人は、子どもの頃から絵が上手で、今でもマンガ家を目指しています。彼は、ある人気アニメの大ファンなのですが、そのアニメのキャラクターを使って、オリジナルのストーリー・マンガを描いたそうです。それを自分のホームページでダウンロード販売すると言っています。聞くところによると、アニメの原作者やアニメ制作会社にはなんら断りを入れていないとか。同人誌とはいえ、無断でアニメキャラクターを使って作品を作り、それを販売してしまってもいいのでしょうか？（30代女性）

# Answer

**☆アニメは著作物にあたる。**
**☆著作物であるアニメやマンガに登場したキャラクターの絵を描く行為は、著作物の複製行為といえる。**

アニメのキャラクターそっくりの絵を描いた同人誌を販売してもよいか？という問題ですが、第三者の著作権を侵害する行為と考えられます。

著作権というのは、著作物を保護の対象とする権利です。著作物とは何かについては、著作権法に規定があります。著作権法によると、著作物とは、「思想又は感情を創作的に表現したものであって、文芸、学術、美術又は音楽の範囲に属するものをいう」とされています（著作権法2条1項1号）。音楽、小説、絵画、写真などが著作物のわかりやすい例です。

では、アニメのキャラクターそのものが著作物かというと、判例では否定されています（最高裁判決平成9年7月17日、以下「最判」と表記）。

キャラクターが著作物でないなら、それをまねた絵を描いて売ってもよいのではないか、と思われがちですが、そうではありません。

キャラクター自体は著作物ではありませんが、そのキャラクターが登場したアニメは著作物です。アニメという著作物の画面をまねて、そこに登場するキャラクターの絵を描く行為が、著作物の複製行為といい得る、というのが判例の考え方です。

したがって、アニメに登場したキャラクターの絵を描いて同人誌を作るには、やはり原則としてアニメの著作権者の許諾が必要になります。

では、同人誌の絵があまり上手でなかったとしたらどうでしょうか。

先ほどの判例では、「複製というためには、第三者の作品が漫画の特定の画面に描かれた登場人物の絵と細部まで一致することを要するものではない」と判断しています。つまり、あまり上手ではなく、細かく見ればオリジナルと似ていないような絵だったとしても、特徴からそのキャラクターだとわかる程度の絵であれば、やはり複製にあたり得るのです。ただし、教科書の隅に落書きするような、「私的使用のための複製」は、著作権者の許諾なしに行うことができます（著作権法30条）。

今回のケースは、広く一般に配信することを目的に行われており、なおかつ販売しようという意図もあり、明らかに「私的使用」を離れた行為であるため、著作権侵害になってしまうのです。

この問題は、著作権者の権利保護が重要である一方、著作物の自由な利用が文化の発展に寄与する側面があることも念頭に置いて考えなくてはなりません。

パソコンやインターネットの普及によって、誰もが簡単に、個人的な情報発信を世界中に向けてできるようになったことから、他人の著作物の利用という問題は、今後ますます重要で身近なものになってきます。

著作物の個人利用に関しては、権利者の保護と自由利用促進の観点から、明確なルール作りの必要性が指摘されています。

著作権法の改正や業界ごとのガイドライン等の作成など、目が離せません。

## Question 4

# 無料配布されているマンガ雑誌をコピーして配ってもいい？

出勤途中、道で無料マンガ雑誌を配っていたので、もらって来ました。読んでみると、これがものすごくおもしろい！　職場の同僚たちにも是非読んでもらいたいと思いました。無料で配布していたわけだし、三、四枚くらいならコピーして配っても、特に問題はないですよね？　また、スキャナでパソコンに取り込んで、自分のブログにも載せて紹介したいと思っていますが、問題ないですよね？（20代女性）

# Answer

**☆他人の著作物を無断でコピーすることは著作権侵害になり得る。**
**☆著作物の配布態様が無料でも同じ。**

著作物を創作した人（著作者）には、自動的に著作権が付与されます。

著作権の付与には、特許権などのように登録等の手続きは一切いりません。このことを、「無法式主義」といいます。登録などの一定の方式を必要とせずに権利が発生する、という意味です。反対に、権利が発生するためには登録などの一定の手続等を必要とすることを、「方式主義」といいます。

本の奥付（巻末に付された書誌情報）などに©マークが付されていますが、©マークを表示しなければ著作権が発生しないわけではありません。©マークは、方式主義を採用する国でも保護を受けるためのもので、日本の著作権法上は、直接法的効果が与えられるものではありません。

マンガももちろん著作物ですので、作者がマンガを創作した瞬間、その作者に著作権が付与されます。

著作権というのは、著作権者以外の第三者が、著作権者に無断で著作物をコピーしたり配布した場合、そうした行為の差止めや損害賠償請求ができる権利です。つまり、著作権者でない第三者は、著作権者に無断で著作物をコピーするなどの利用ができないことになります（例外もあります、57頁参照）。これは、その著作物が無料で配られていた場合も同様です。著作物が無料で配布されていたからといって、その著作物に対する著作権までもが無料で譲渡されているわけではなく、また、著作物の自由な利用が許諾されているわけでもありません。

したがって、著作権者から、その著作物を配布したりコピーする行為についての許諾を特別に受けていない限り、無断でそのような行為をすることは、著作権侵害となり得ます。

スキャナでパソコンに取り込んで、ブログなどに掲載する行為も同じです。

ところで、自作のホームページなどに利用するために、コンピュータ・グラフィックのフリー素材などがありますが、こうしたフリー素材は、あらかじめ権利者が第三者に対して、自由な利用を許諾しています。この利用許諾によって、利用者は無料で、著作物であるフリー素材を利用できるのです。

## Question 5
# 他人の作品とそっくりなオリジナル作品は盗作？

ブログに自作のCG（コンピュータ・グラフィック）を掲載しています。最近はファンも増えてきたようで、コメントまでもらえるようになってきました。ある時、知らない人から私宛にメールが届き、私の作品が盗作だと指摘してきたのです。恐る恐る先方が指定してきたURLをクリックすると、そこには私が自作したCGとそっくりの作品が掲載されていました。私はもちろん、何かをマネしたりせずにオリジナルの作品を作ったのですが、どうやら先方の作品は、私よりも先に制作されたものらしいのです。私の行為は盗作になるのでしょうか？（40代男性）

# Answer

**☆完全なオリジナル作品がたまたま他人の作品とそっくりでも、著作権侵害にはならない。**

著作物を創作した人（著作者）には、登録などの方式がなくても、自動的に著作権が付与されます（無方式主義）。

著作権とは、著作物を印刷したり録画したりする複製権、演劇や音楽を自ら上演したり演奏する上演権・演奏権、著作物を貸与したり譲渡する貸与権・譲渡権など、様々な権利が束のようになったものです（左図参照）。

著作権者はこれらの権利を独占していますので、第三者が勝手に著作物を複製したり上演することに対して、やめさせたり損害賠償請求することができます。

他人の著作物をわざと真似て、そっくりな別物を作り出す行為は、他人の著作物を改編し、新たな著作物を作り出す行為であり、著作権侵害となり得ます。

## 著作権の図

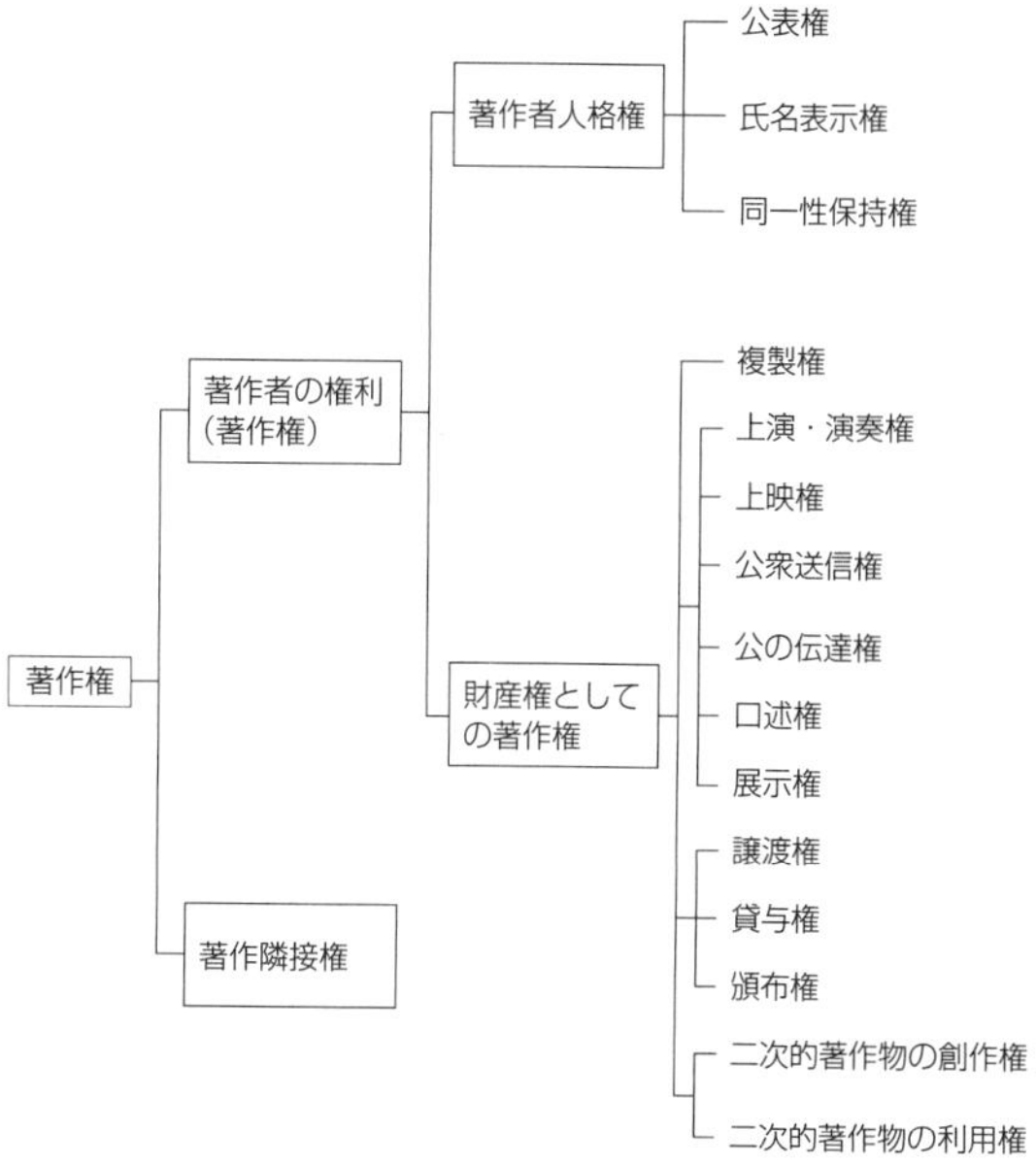
著作権
著作者の権利
（著作権）
著作隣接権
著作者人格権
財産権としての著作権
公表権
氏名表示権
同一性保持権
複製権
上演・演奏権
上映権
公衆送信権
公の伝達権
口述権
展示権
譲渡権
貸与権
頒布権
二次的著作物の創作権
二次的著作物の利用権

ここでいう、「わざと」というのは、他人の著作物であることを知っていて真似るということです。

「偶然」そっくりの著作物が創作されたような場合には、それぞれの作品がいつ発表されたか否かに関わらず、それぞれに著作権が付与されることになります。

つまり、第三者の著作物を真似て、そっくりなものを作ったのでなければ、たまたま自分が作り出したオリジナル作品について、既に公表されていた他人の作品とそっくりだったとしても、それは「盗作」とはいえず、著作権侵害にはならない、ということになります。

もし第三者が、「盗作だ」と訴えて来た場合、「自己の著作物であることを知っていて」「そっくりの物を作り出した」ことを、訴えた側が立証しなければなりません。

したがって今回のケースでは、あくまでもオリジナルであるならば、「盗作」にはならないといえます。

## Question 6

# ゲームのキャラクター画像に肖像権はあるか？

大人気オンラインゲームのヘビーユーザーです。このゲームは、レベルが上がるにつれ、キャラクターの画像がどんどん変化していくのですが、私のキャラクターは、ちょっと変わったアイテムを身につけた画像になっています。ある時、私のキャラクターのスクリーンショット（画像写真）が他のユーザーに勝手に撮られた上、その人のブログにキャラクター名入りで掲載され、しかも「ネットゲーム中毒者のキャラクター」と悪口まで書かれてしまいました。これは肖像権侵害や名誉毀損なのではないでしょうか？（30代男性）

# Answer

**☆ゲームのキャラクター画像に肖像権は成立しない。**
**☆オンライン掲示板などでの誹謗中傷は名誉毀損となり得る。**

「肖像権」とは、意思に反して自分の姿を他人の目にさらされないという権利をいいます。

この権利は、もともとプライバシーの権利の一環として認められたもので、「人」がその権利の主体です。

オンラインゲームの「キャラクター」は、コンピュータ・グラフィックであり、そもそも肖像権など持っていないことになります。したがって、キャラクターが勝手に公開されて人目に触れたとしても、キャラクターの肖像権侵害という問題は生じません。ただし、コンピュータ・グラフィックであっても、著作物と言い得るので、著作権者に無断で転載したり改変する行為は、著作権侵害となり得るかもしれません。

芸能プロダクションのホリプロが売り出していた「伊達杏子（DK96）」という電脳アイドルについても、一見、肖像権がありそうに思えますが、現状は一般的なCGと同じ扱いと考えられます。

しかし、たとえ著作権侵害にあたるとしても、オンラインゲームのコンピュータ・グラフィックの著作権者は、通常はユーザーではありませんので、ユーザーが、自分のキャラクターの画像を勝手に転載されたからといって、著作権侵害を主張するのは困難です。

もっとも、キャラクターを離れて、掲示板などでユーザー本人を誹謗中傷する書き込みがされた場合には、名誉毀損に該当する可能性があります。

名誉毀損とは、「公然事実を摘示し人の名誉を毀損」する行為をいいます。「公然」というのは、不特定または多数の人が認識できる状態のことをいい、オンライン掲示板での書き込みは「公然」のものといえます。「事実」は、真実でなくても、人の社会的評価を害するものであれば足ります。

また、名誉毀損に該当するためには、必ずしも氏名まで記載されている必要はありません。要は、誹謗中傷されたのが誰なのか、記載された事実が誰に関するものなのかが特定できればよく、記載された文章全体や、前後の文脈などから、誰を指すのかが明らかになれば足りるということです。

ただし、名誉の対象は「人」なので、ユーザー本人が特定できないようなキャラクターの名前を挙げて悪口が書かれていたとしても、名誉毀損とはなりません。

オンラインゲームの世界でも、場合によっては現実の社会と同じような社会が形成され、その中で生活するキャラクターの評価は、そのユーザーにとっては、あたかも現実社会での自分に対する評価と同じような重要性をもち得るかもしれません。しかし現在の法律では、キャラクターに対する侵害行為というと、著作権侵害というカテゴリーで検討されることが通常だと思われます。

## Question 7

# 違法サイトからのダウンロードは著作権侵害ではない？

ネットの掲示板に書き込まれていた情報をたどって行ったら、あるサイトを発見しました。そのサイトでは、着うたや最新映画などのコンテンツを無料でダウンロードできるというものでした。音楽や映画などの著作物を無断でアップロードする行為は著作権侵害になると聞いたことはありますが、ダウンロードする行為は全く問題ないですよね？（20代男性）

# Answer

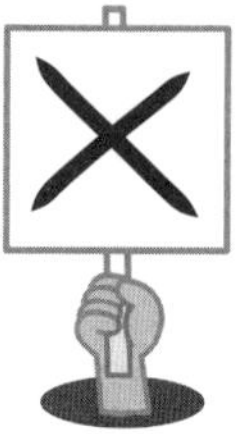

**☆違法サイトからのダウンロード行為も、著作権を侵害するとして違法化される可能性が高い。**

著作権法30条では、著作物は、個人的に又は家庭内その他これに準ずる限られた範囲内において使用すること（これを「私的使用」と言います）を目的とするときは、一定の場合を除いて、その使用する者が複製することができるとされています。購入したＣＤに入っている音楽をパソコンのハードディスクに複製してiPodに入れたり、テレビ番組を録画して個人的に観賞する行為などが「私的使用」にあたり、ユーザーは著作権者の許諾を得ることなく複製できます。

これに対し、音楽や映画などのコンテンツをパソコンのハードディスクに複製した上で、インターネット配信できるようにアップロードする行為は、「私的使用」にあたらず（23頁参照）、複製権および公衆送信権を侵害し、違法となります。

では、著作権に違反してアップロードされたコンテンツをダウンロードする行為は、「私的使用」の範囲内として許されるのか、というのが今回の問題です。

平成18年12月18日に開かれた文化審議会著作権分科会の私的録音録画小委員会でこの問題について検討され、違法複製物からの複製は著作権法30条の適用除外とするのは不可避であるとの意見が出されました。つまり、違法に複製されたコンテンツをサイトからダウンロードする行為も、著作権侵害行為とせざるを得ない、ということです。

これに対しては、ユーザー側から、アップロード行為を取り締まれば十分であり、ダウンロードの違法化は行き過ぎである、ユーザー側から見れば違法サイトか否かは判別がつきにくい等の理由から、違法化に対して反対する意見が多く出ています。

確かに、違法サイトと知らずにダウンロードしてしまった場合でも著作権侵害となってしまうのでは、一般消費者からすると不安です。

しかし、違法な複製行為による権利者の経済的損失も無視できません。

コンテンツを作り出す側の権利や経済的利益が十分に守られなければ、コンテンツの価値の低下を招き、クリエイターが育ちにくくなる結果、優れたコンテンツが生み出されなくなってしまうという悪循環に陥る恐れが考えられます。

ダウンロード違法化はこうした背景も考慮してのことと思いますが、これによって、一般消費者である私たちとしては、どのような行為が違法なのか、または許されるのかを常に意識し、自分自身で判断する必要が一層高まると言えます。

ネット社会では、知らず知らずのうちに、「身近な行為」が「違法」な行為となってしまう危険もあるのです。

## Question 8

# 仮想空間の土地や建物は現実世界と同じ？

ついに始めました、仮想世界サービス「セカンドライフ」！　パソコンの画面の中でいろいろな人に出会えるのは、外になかなか出られない主婦には本当に魅力的です。使い込んでいくうちに、今までみんなには内緒で開発してきた健康グッズを、この仮想空間で販売してみたい！、と思うようになりました。そこで、まずは出店の準備として、貯めたお金で仮想空間上に土地を購入してみようと思います。なんだか土地の転売なども気軽にできそうだし、普通に現実世界で不動産を購入するのと同じ感覚で買っても大丈夫ですよね？（30代女性）

# Answer

## ☆仮想空間の建物や土地は、あくまでもCGである。

「セカンドライフ」という仮想空間の中では、「土地」や「建物」が現実のお金で取引されているようです。しかし、当たり前ですが、仮想空間の中の「土地」や「建物」は現実世界の不動産ではなく、あくまでも画像データです。画像データは情報であり、(民法上は)有体物ではありませんから、所有権の対象とはなりません。したがって、こうした仮想空間内の「建物」などのオブジェクトや「土地」として表示される区画をユーザーが「所有」し、他のユーザーに売買できるからといって、民法上の「所有権」があることにはなりません。現実の物や不動産と異なり、例えば運営会社が仮想空間の運営を中止したり、利用規約を変更することによって、存在そのものが消滅したり、利用態様などが変わり得ることを十分念頭に置く必要があります。

## Question 9 本のタイトルを商標登録できるか？

三年間かけて執筆してきた推理小説を、ようやく自費出版できました。執筆は本当に大変だったのですが、書評では「おもしろかった！」「ハラハラした！」といった嬉しいことばかり書かれていて、あきらめずに書き上げた甲斐がありました。自分なりに一番気に入っているのは、この本のタイトル。友人も「ついつい手に取りたくなるタイトルだね」と言ってくれています。

そこでちょっと調べたら、著作権の場合、保護期間が経過すると誰でも自由に使えるようになってしまうそうなので、お気に入りのタイトルは商標登録できればと思っていますが、可能でしょうか？（50代男性）

# Answer

**☆小説の単行本のタイトルは商標登録できない。**
**☆小説のタイトル自体は通常は著作物ではない。**

商標登録を受けることができるのは、当たり前かもしれませんが、「商品」や「サービス」に使用する「商標」です。商標法では、「自己の業務に係る商品又は役務について使用をする商標」について、商標登録を受けることができると規定されています（商標法3条1項柱書）。

では、「商標」とは具体的に何かというと、文字、図形、記号や立体的形状等であって、業務として商品を生産したり販売する者が、その商品について使用したり、サービスについて使用するものです。

小説の単行本のタイトルは、「単行本」という商品について使用されている文字なので、「商標」なのではないかとも思われますが、実は違います。

小説の単行本のタイトルは、その小説のタイトルなのであって、単行本のタイトルではありません。つまり、そのタイトルは、著者名と一体となってその著作物である小説そのものを表しているのです。

商標法では、その商品の産地、販売地、品質、原材料、効能、用途、数量、形状など、商品そのものを示すようなものについては、商標登録できないと規定されています（3条1項3号）。

したがって、単行本のタイトルは「商標」とはいえず、商標登録を受けることはできません。

特許庁の商標審査基準にも、「書籍の題号については、題号がただちに特定の内容を表示するものと認められるときは、品質を表示するものとする」と記載されています。

夏目漱石の遺族が、『坊ちゃん』などの小説のタイトルを商標登録出願したことは有名ですが、結局登録は認められませんでした。

他方、新聞や雑誌などのタイトルは、小説の単行本とは事情が異なります。

新聞や雑誌は、タイトルが同じでも毎号内容が違いますので、タイトルがそのまま内容を表しているとはいえません。そのため、商標登録の要件さえ満たせば、新聞や雑誌などの定期刊行物のタイトルは商標登録することができます。

ところで、小説のタイトル自体は著作権によって保護されるのでしょうか。

小説のタイトルは、著者名と一体となってその著作物である小説そのものを表しているものであり、通常は独立した著作物とは認められないと考えられます。

しかし、小説のタイトルは一般的に、著作者が創意工夫をこらして付けたものですから、相当な思い入れがあることは想像に難くありません。そこで、著作権法では、著作物のタイトル（題号）や内容について、著作者の意に反して勝手に改変されない権利（同一性保持権）が認められています（著作権法20条）。

## Question 10

# 文章の改変はどこまで許されるか？

母校の大学が懸賞論文の募集をしていたため、応募してみました。すると、結果はなんと「優秀賞」受賞！　心待ちにすること三ヶ月、ようやく論文掲載誌が送られてきました。しかし、送られてきた冊子を読んでビックリ！　私の論文がところどころ、無断で書き換えられていたのです。誤字・脱字の修正であれば、やむを得ないと思いますが、「、」（読点）を削られたり、改行が省略されてしまったり、文章のニュアンスが変化してしまうようなレベルまで変更されていたのです。このようなことは許されるのでしょうか？（50代男性）

# Answer

☆著作者には、その意に反して著作物の改変を受けない権利がある。
☆読点の切除といった細かい点であっても許されない場合がある。

著作者は、その著作物と題号の同一性を保つ権利をもっていて、その意思に反して変更したり削除されたり、といった改変を受けないものとするとされています（著作権法20条1項）。これを「同一性保持権」といいます。著作物は著作者の人格の反映であることから、著作権法は、著作者の意に反する改変等を禁止して、著作物の同一性を保持することにより、著作者の「人格権」の保護を図っているのです。

ここでいう「改変を受けない」とは、著作者の意に反して著作物の外面的な表現形式に増減変更を加えられないことを意味します。

他方、このような同一性保持権を厳格に貫いた場合、その著作物の利用に支障が生じる可能性があります。

例えば、優れた小説を中学校や高等学校の教科書などに掲載する場合、難しい漢字をひらがなにしたり、旧漢字を常用漢字に改変する場合などです。このような学校教育の目的上やむを得ないと認められる場合の改変について、著作権法では例外的に同一性保持権の適用が除外されるとしています（同法20条2項1号）。

その他、建築物の増築、改築、修繕又は模様替えによる改変（同条項2号）、コンピュータ・プログラムのバグ修正やバージョンアップに伴う改変（同条項3号）、著作物の性質並びにその利用の目的及び態様に照らしやむを得ないと認められる改変（同条項4号）について、著作権法で例外的な規定が置かれています。

さて、本件のようなケースは、こうした同一性保持権が適用されない例外的な場合といえるでしょうか。

同じような問題が実際に裁判で争われ、判例になっています（東京高裁平成3年12月19日判決「法政大学懸賞論文」事件）。

この判例では、「やむを得ないと認められる改変」に該当するというためには、利用の目的及び態様において、著作権者の同意を得ない改変を必要とする要請が、著作権法（昭和60年法律第62号による改正前のもの）20条2項1号（教育目的の場合）や2号（建築物の増改築の場合）のような例外的場合と同程度に存在することが必要であるとして、限定的に解釈しました。

その上で、本件論文は大学における学生の研究論文であり、本件雑誌が大学生を対象としたものであること等からすると、読点の切除、「・」（中黒）の「、」（読点）への変更、改行の省略は、このような改変を行わなければ大学における教育目的の達成に支障が生じるとはいえず、「やむを得ないと認められる改変」にはあたらない、としました。

したがって、このような実質的意味内容を害するものではない、形式的な表記方法の変更であったとしても、著作者の同意を得ずに改変がなされた場合、同一性保持権を侵害すると判断される可能性があります。

## Question 11

# 原文を引用する場合、誤植を訂正してもよいか？

私はインターネット経由で本を購入しては、書評をブログで公開しています。最近は常時三百名程度が読んでくれています。

　さて、書評では、本の雰囲気をできるだけ伝えた方がいいと思い、原文を引用するようにしています。その際、時々困るのが、引用する文章に誤植があった場合、勝手に直してもいいか、ということです。時々ひどい誤植に出合うこともあり、とても気になります。明らかな誤植の場合は、著作者の同意を得なくても訂正していいですよね？（40代男性）

# Answer

## ☆誤植の訂正も、同一性保持権を侵害する場合がある。

自分の著作物の中で他人の著作物を利用する際、それが「引用」といえるのであれば、著作者から許諾を得ることなく利用できます。

著作権法では、「公表された著作物は、引用して利用することができる」と規定しています。そして、この場合の「引用」は、「公正な慣行に合致するものであり、かつ、報道、批評、研究その他の引用の目的上正当な範囲内で行われるものでなければならない」とされています（著作権法32条1項）。

判例では、「引用」といえるためには、①引用して利用する側の著作物と、引用されて利用される側の著作物とを明瞭に区別して認識することができ、かつ、②両著作物の間に前者が主、後者が従の関係があると認められる場合でなければならない、として、さらに、③引用される側の著作物の著作者人格権を侵害するような態様でする引用は許されない、としています（最判昭和55年3月28日）。

著作者人格権というのは、ａまだ公表されていない著作物を公衆に提供（提示）する権利（公表権）、ｂ著作物の原作品に、又は、その著作物の公衆への提供（提示）に際し、著作者の実名や変名を著作者名として表示し、又は表示しないこととする権利（氏名表示権）、ｃ著作物及びその題号の同一性を保持し、その意に反してこれらの変更、切除その他の改変を受けない権利（同一性保持権）のことをいいます。これらの権利は、著作権法18条から20条に規定されています。

本件の場合、まず、「引用」の要件のうち、①引用して利用する側の著作物と、引用されて利用される側の著作物とを明瞭に区別して認識することができ、かつ、②両著作物の間に前者が主、後者が従の関係があると認められる場合にあたるかを検討する必要があります。

小説の書評で、原文の一部を引用するという場合には、もちろん引用の目的との関係で方法や分量などが正当な範囲内である必要がありますが、通常は①②の要件を満たすと考えてよいでしょう。

では、その中で、原文の誤字・脱字などの誤植を訂正することは果たして許されるのでしょうか。

普通に考えると、明らかな誤植を訂正することはむしろ親切な行為のようにも思われます。

しかし、たとえ誤植の訂正であったとしても、著作者に無断で行うことは著作物の「改変」にあたります。著作権法20条1項にいう、著作物の「変更、切除その他の改変」とは、著作物の外面的な表現形式に増減変更を加えることを意味します。誤植の訂正のような、著作物の内容に影響しない形式的な表記方法の変更であっても、この「改変」にあたるので、注意が必要です。

# 第二章　あなたの知らない知財

本章では、主に個人と会社・社会との関わりの中での法律相談を取り扱います。

## Question 1

# 図書館で他人の本をコピーするのは著作権侵害ではない？

中学生の娘が、料理の作り方が書いてある紙を持って来て、「お母さん、今夜の夕食これ作って！」とねだってきました。

よく見ると、料理本をコピーしたものでした。

「図書館で本を見ていたら美味しそうだったから、コピーしたんだけど……」とのこと。確かに図書館には本のコピーサービスがありますが、本には著作権があるし、コピーしてきて大丈夫なのか気になります。こうした行為は、著作権侵害にならないと考えてよいのですか？（40代女性）

## Answer

**☆図書館での複製は、著作物を無許諾で利用できる例外として、著作権法で認められている。**
**☆教科書等への掲載、学校教育番組の放送、試験問題として、点字による複製等、事件報道のための利用、裁判手続のために必要な場合等も、許諾なく複製することができる。**

著作権法では、原則、無断複製禁止ですが、一定の例外を定めて著作物の自由な利用を認めています。その一つが、図書館での複製です。

図書館等では、調査研究の用に供するためである場合や、図書館資料の保存のため必要がある場合など、一定の公共的な目的がある場合、著作権者の許諾なく著作物を複製できるのです。とはいえ、一冊の本全部をコピーする行為は、明らかに著作権者の利益を害しますので認められません。どの程度なら許されるかというと、結局は、常識から考えて権利者の権利を不当に侵害しない程度という基準で判断するほかありません。このほかにもいくつか、例外的に無許諾で著作物を利用できる場合がありますので、覚えておくとよいでしょう。

## Question 2

# 自分が担当した雑誌記事の著作権は誰のもの？

私は出版社に勤めていて、ファッション雑誌を担当しています。自分で取材して記事を書いて、それが冊子になるのがすごく楽しいです。毎号自分の記事はスクラップにして保存しています。いつかこれを私の作品集として世に出したいと思っていますが、私が書いたものだから、当然できますよね？（20代女性）

# Answer

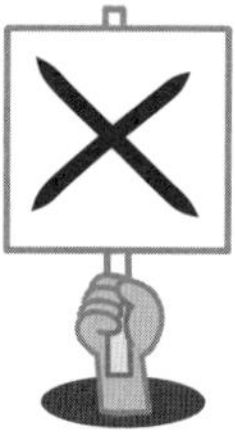

**☆職務著作による著作物の著作権は、原則として会社に帰属する。**

これは、著作権が誰のものか?という問題です。

確かに、実際に取材して記事を書いたのは会社の担当者ですが、雑誌社に勤めている担当者は、会社の仕事で書いた記事の著作権を取得できるのでしょうか。

著作権は、著作物を創作した人である著作者に帰属します。著作権のうち、財産権としての著作権（31頁「著作権の図」参照）は第三者に譲渡することができますので、その場合は譲渡を受けた人が著作権者になりますが、著作物を創作した時点では、著作者に帰属することになります。

著作者は著作物を「創作した者」ですので、例えば著作物創作のために資金提供した人や、企画しただけの人、アイデアを提供しただけの人は、著作者にはなりません。

また、著作物とは「思想又は感情を創作的に表現したもの」なので、著作物を創作する者＝著作者は、本来は「自然人」です。

しかし、本件のように雑誌や新聞記事などは通常、大勢のスタッフによって作成されます。この場合、それぞれの記事を書いた担当者に著作権が帰属するとなると、出版社は全員の許諾等を得ないと著作物を自由に利用できなくなり、合理的ではありません。

そこで著作権法には、概要、①著作物の創作が法人等の意思決定によるものであり、②法人等との間で雇用関係にある者が、③自己の職務として作成した著作物で、④その法人等の名義で公表するものについては、⑤勤務規則や契約などで法人等の従業員を著作者とする別段の定めがない限り、法人等がその著作物の著作者となる、という規定が置かれています。

①については、例えば従業員が発案した企画の記事であったとしても、最終的には上司の決裁を経て記事が作成されるのが通常ですので、法人等の意思決定によるもの、となります。

②については、基本的には法人等と雇用関係がある従業員を指しますが、派遣社員などのように、派遣先の会社から直接・具体的な指揮命令を受けて著作物を創作する場合も同じです。他方で、完全に外部のライターに独立した記事の作成を委託する場合には、通常、その記事の著作者は外部のライターということになります。

③は、勤務時間の内外を問いませんので、勤務時間外に自宅に持ち帰って作成したとしても、自己の職務として作成したといえます。

④は、法人等が自己の名義を付して著作物を公表することを意味します。

⑤は、著作物の作成時点で勤務規則などに「従業員を著作者とする」といった特別な規定がないこと、という意味です。

今回のケースのように、ファッション雑誌の出版社に勤める社員が、仕事で作成した記事については、通常は職務著作による著作物といえ、出版社が著作者となりますので、社員は著作権をもっていません、したがって、いくら自分が書いた記事とはいえ、その記事を会社に無断で出版することは、著作権侵害となります。

## Question 3

# 料理の盛りつけは著作物か？

　私は、新宿でレストランを経営しています。私の店では独創的な盛りつけの創作に長年費やし、最近ようやくグルメ雑誌などにも紹介されるようになりました。苦心の末創作した盛りつけですから、むやみに真似されたくありません。料理の盛りつけは当然知的財産として法律で保護されますよね？　また、メニューやレシピも真似されたくありませんが、これらも知的財産権として保護されると考えて良いでしょうか？（40代男性）

# Answer

☆料理の盛りつけは著作物ではない。
☆レストランのメニューやレシピも著作物ではない。

著作物とは何かといえば、普通は、絵画や音楽、小説などが思い浮かぶと思いますが、正確な定義としては著作権法に規定があります。

法律の規定によれば、著作物とは、「思想又は感情を創作的に表現したものであって、文芸、学術、美術又は音楽の範囲に属するものをいう」とされています（著作権法2条1項1号）。

「思想又は感情」とありますので、例えば単なるデータなどは著作物とはなりません。ただし、データの選択や配列などが創作的であれば、データベースの著作物として保護される可能性があります。

また、「創作的」である必要があるので、単に事実を述べただけのものや、誰が記述しても同じ表現になるようなものは「創作的」とはいえず、著作物にはなりません。

さらに、「表現」されている必要があるので、アイデアや技法などは著作権の保護対象とはならない、といえます。

そして、「文芸、学術、美術又は音楽の範囲に属するもの」という要件も満たす必要があり、例えば特許権の対象となるべき「技術」などは、著作物とはいえないことになります。

では、料理の盛りつけはどうでしょうか。

料理の盛りつけは、確かに著名なシェフが工夫をこらしたものなど、非常に美しく創作性があり、「表現」されたものかもしれませんが、一般に、「思想又は感情」の表現物とはいえないのではないかと思います。また、「文芸、学術、美術又は音楽の範囲に属する」ともいえないのではないでしょうか。

生け花の場合は、「美術」の範疇に属し、原則として著作物と言えますが、何ら手を加えていない自然のままのような作品の場合は、著作物とはいえない、と判断される可能性もあります。

したがって、料理の盛りつけを真似たとしても、著作権侵害とはならないと考えられます。

では、レストランのメニューや、料理のレシピは著作物でしょうか。

レストランのメニューや料理のレシピも、それぞれの料理人やレストランが工夫を凝らした成果物といえます。

しかし、レストランのメニューも、通常は事実を羅列したものであって、「思想又は感情」を表現したものとは言いにくく、著作物ではありません。

レシピそのものも、料理を作るノウハウですので、通常は著作物とは言い難いでしょう。

Question 4

# 本物そっくりの硬貨を製造する機械の発明で特許はとれる?

私の一番の趣味はマジックです。よく飲み会やパーティーの席で、マジックを披露して、みんなに楽しんでもらっています。もともと凝り性なところもあり、マジックも本格的になってきました。最近では、オリジナルマジックを考案していますが、先日ついに、ゲームのコインをケースに入れると、瞬時に五百円玉の模様となり、五百円玉そっくりのコインができるという、画期的な装置を開発しました。TV局に勤める友人に披露したところ、是非TV番組で取り扱いたいと言われたくらいです。

大々的に公表となると、すぐに真似されてしまう可能性もありますので、できれば特許権を取得したいのですが、可能でしょうか? (40代男性)

## Answer

☆特許登録されるためには、いくつか要件をクリアする必要がある。
☆犯罪にかかわるような発明は、公序良俗に反するので、特許登録できない。

特許の登録を受けるには、いくつかの要件を満たす必要があります。例えば、①産業上利用できること、②新規性があること、③進歩性があること、④最先の出願であることの他に、⑤公序良俗に反しないこと等の要件があります。

特許制度は、そもそも発明の保護と利用を図ることで発明を奨励し、産業の発達を促すためにあるものですので、①「産業上利用できること」が必要です。

また、特許制度は、発明を公開する代わりに、独占的な権利が与えられるというものですので、特許権が与えられるためには②「新規」の発明である必要があります。

③「進歩性」があるというのは、技術などが進歩しているという意味ではありません。その発明の分野に関して通常レベルの知識を持っている人であれば、既に知られ

たアイデア等をもとに簡単に発明することができるような場合、その発明は特許を受けることができない、という意味です。

また日本では、同じ発明については先に特許出願した人のみが特許を受けられるという制度をとっていますので（これを、「先願主義」といいます）、④「最先の出願であること」が特許登録されるための要件になります。

⑤「公序良俗に反しない」とは、「公の秩序、善良の風俗に反しない」という意味です。反社会的であったり、公衆の衛生を害するおそれのある発明は、そもそも特許法による保護を与えるべきではありませんから、「公序良俗に反しない」ことも特許登録を受ける要件となります。

今回のケースのように、ある装置を使って通貨そっくりのものを作成する行為は、もし実際にその偽造通貨を使おうと思っていた場合には、刑法の通貨偽造罪に該当し得ます。

では、実際にお金として使う意図がなく、手品で使うという目的しか持っていなかった場合なら大丈夫かというと、そうではありません。

本物の通貨そっくりで、紛らわしい外観を有するものを作り出す行為は、通貨及証券模造取締法の通貨模造罪に該当する可能性があります。

誰がどう見ても偽物のコインを作り出すことしかできない装置であれば大丈夫なのですが、一般人が見て本物だと誤解する程度に紛らわしい通貨が製造できるのであれば、たとえ手品で使うためだったとしても、通貨模造罪に該当してしまいます。

したがって、このような発明は特許法による保護を受けることができません。

## Question 5

## 花火などを使ったイリュージョンを意匠登録できるか？

テーマパーク好きな大学生です。先日パリに旅行してきました。旅先で、花火・水・光を複合的に活用した素晴らしいイリュージョンを見ました。帰国後、早速私なりのイリュージョン構想を練って、パリで見た以上に幻想的で芸術的なものを考案しました。我ながら「これはすごい！」と思える出色のできばえだったので、国内のテーマパークに売り込みたいと考えています。まずは意匠登録して権利を保護しておきたいのですが、可能でしょうか？（20代男性）

# Answer

**☆意匠権は「物品」に固定化されたデザインに成立する。**
**☆空間に描かれるデザインは、意匠登録できない。**

意匠法により保護を受ける「意匠」とは、「デザイン」であれば何でもよいわけではありません。「意匠」が何を指すのかは、意匠法に定義が規定されています。意匠法によれば、「意匠」とは、「物品の形状、模様若しくは色彩又はこれらの結合であって、視覚を通じて美感を起こさせるものをいう」とされています（意匠法2条1項）。

本件のイリュージョンは、打ち上げられた花火、噴水のように吹き上がる水、様々な色の光によって、模様やデザインを空間に描くという趣向のようです。したがって、「単独で取引の対象となる有体物であって運搬可能なもの」（紋谷暢男『知的財産権法概論』20頁、有斐閣）という「物品」の範疇には入れられず、持ち運ぶことができないため、意匠登録はできないことになります。

## Question 6
# 軌道にのった新サービスが商標権侵害をしていた場合の対処は？

　個人でインターネットを使ったビジネスをしています。ハンドメイドの雑貨を販売するＥＣサイトなのですが、ちょっとずつ利用者も増えて、検索エンジンで検索すると必ず上位に出てくるくらい、知名度も上がってきました。

　ある日、知らない会社から突然ＦＡＸが届き、私の雑貨販売サイトの名称がその会社の商標権を侵害しているので、至急対処して欲しいとのことでした。

　開設当初、わざわざサイトの名前とインターネットアドレス（ＵＲＬ）もそろえたため、簡単には名称変更したくありません。それに、やっとサービスが軌道に乗り始めたところですから、突然そんなことをいわれても困ります。このまま無視して進めてしまっても大丈夫ですか？（40代女性）

# Answer

## ☆他社のサービスが商標登録されていた場合、その商標を無断使用することは商標権侵害になり得る。

商標権というのは、商標法によって、商標について保護される権利です。

商標権は、著作権などと異なり、自然に発生するわけではありません。

商標権を取得するためには、特許庁に対して商標登録のための出願をし、審査官による審査を経た上で、商標登録されなければなりません（商標法18条）。

商標登録されるためには、いくつかの要件があり、商標法3条に規定されています。

まず、商標法3条1項柱書には、「自己の業務に係る商品又は役務について使用をする商標については」と規定されていることから、商標を現在「使用」しているか、将来的に「使用」する意思があることが必要です。法律上その業務を行えないなど、登録申請した者が自分でその商標を使用する意思がないことが明らかな場合などは、登録が拒絶されるべきです。

なお、いったん登録された商標でも、継続して三年以上日本国内で商標の使用がされていない場合には、審判によって商標の登録が取り消されることがあります（商標法50条）。

その他、商標法では、商品の一般名称や略称（「サニーレタス」、「ワープロ」など）、同業者間で慣用的に使用されるようになった名称（清酒「正宗」、「観光ホテル」など）、産地や品質、商品の販売地を示すだけのもの（「吟醸」、「東京銀座」）、ありふれた氏または名称（「山田」「佐藤商店」）、極めて簡単で、かつ、ありふれたもの（ローマ字の「A」など）、キャッチフレーズなどは、登録できないとされています（次頁参照）。

また、外国の国旗やわいせつな単語などは、公益上の理由から登録を受けることができません。

このような要件をクリアして登録された商標を、登録商標といいます。商標が設定登録されることによって商標権の効力が発生することになりますが、商標権の効力としては、独占的効力と排他的効力があります。独占的効力とは、登録商標を独占的に

| | |
|---|---|
| 商品又は役務の普通名称 | 時計について「時計」<br>靴の修理について「靴修理」 |
| 商品又は役務について慣用されている商標 | 清酒について「正宗」<br>宿泊施設の提供について「観光ホテル」 |
| 商品の産地<br>商品の販売地<br>商品の品質<br>商品の原材料<br>商品の用途<br>商品の数量<br>商品の価格<br>商品の生産の方法<br>商品の使用の方法<br><br>役務の質 | 足袋について「行田」<br>洋服について「東京銀座」<br>自動車について「デラックス」<br>ブラウスについて「シルク」<br>靴について「登山」<br>鉛筆について「1ダース」<br>ボールペンについて「100円」<br>コーヒーについて「炭焼き」<br>薬剤について貼薬を人の肩に張りつけている図形<br>飲食物の提供について「高級料理」 |
| ありふれた氏又は名称を普通に用いられる方法で表示する標章のみからなる商標 | 「鈴木」<br>「YAMADA」<br>「佐藤商会」 |
| 極めて簡単で、かつ、ありふれた標章のみからなる商標 | 一本の直線<br>球<br>円柱 |
| 需要者が何人かの業務に係る商品又は役務であることを認識することのできない商標 | 「大切なお金で上手なお買物」のようなキャッチフレーズ |
| 特定の役務について多数使用されている店名 | アルコール飲料を主とする飲食物の提供及び茶、コーヒー、ココア、清涼飲料又は果実飲料を主とする飲食物の提供について、「愛」「純」「ゆき」、「蘭」、「オリーブ」、「フレンド」など |

**商標登録できない例**

（特許庁ホームページhttp://www.jpo.go.jp/quick/index_sh.htmより作成）

使用できる効力をいいます。排他的効力とは、商標権を無断で使用する者に対して、使用の差止めや損害賠償請求ができる効力をいいます。

さて、今回のケースでは、自己のサービスに使用している名称が、もし他社の登録商標と同一または類似したものであった場合、商標権侵害となってしまう可能性があります。

対象となる商標が「類似」しているか否かの判断は、必ずしも容易ではなく、多数の判決などがあります。実際に訴訟になった場合には、時間もかかる上に百%勝訴する保証はありません。

また、相手の商標が出願される前から類似商標を使用していた場合で、その商標が広く普及していて一般に認知されているような場合には、相手の商標が登録されたとしても、引き続きその商標を使用する権利（「先使用権」といいます）が認められるかもしれません。

ただし、結果的に先使用権が認められるとしても、紛争を完全に避けられるとは限りません。

商標権侵害の問題は、本件のように、商品やサービスがある程度普及して、事業も順調に発展して来たときに発生することが多く、そのために企業が受けるダメージも大きいといえます。

最も望ましいのは、後で商標権侵害とクレームをつけられないように、事前に十分な調査を行っておくことです。

自社が第三者の商標権を侵害することのないように留意することは当然ですが、逆に自社の商標権が侵害されていないか監視し、自社ブランドを守っていく作業も重要です。こうしたブランド管理は、新商品や新サービスの開発時から必要となってきます。商標調査などは、できるだけ早い段階から弁護士や弁理士などの専門家に関与してもらうことが、重大なリスク回避の第一歩となります。

## Question 7

# 商標ビジネスは成り立つか?

ドラマHは、ラフなジーンズにダウンジャケット姿の型破りな検察官が活躍するドラマ。視聴率も近年まれに見る高さだったそうです。それにあやかって、このドラマHのタイトルを商標登録してしまい、ドラマの関連グッズを作っている会社に売ってみたいと考えています。ドラマも有名だし、十分儲かりそう。時間はかかるかもしれないけれど、商標登録はできますよね?(30代男性)

# Answer

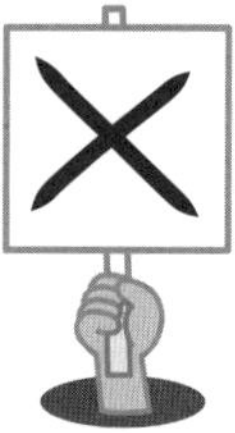

**☆自己の業務に関連して使用する商標でなければ登録できない。**

**☆本来は登録できないような商標が誤って登録されてしまった場合、異議申し立てや無効審判の制度によって、取消や無効の対象となる。**

ドラマのタイトルに限らず、広く知られるようになった名称などには、「顧客吸引力」があります。こうした効果を期待して、手当たり次第に様々な名称を商標登録し、後で他者に高く売りつけたりする行為は、公正な商取引とはいえません。また、こうした行為は、特許庁の事務作業を無駄に増加させることにもつながります。こうした行為に歯止めをかけるため、商標法では、自己の業務に係る商品やサービスについて使用していない、または、使用する意思のない商標は登録できないこととされています。

今回のケースについても、自己の業務で使用するものではないため、基本的に登録できませんが、万が一登録できたとしても、後で異議申し立てや無効審判などを提起される可能性があります。

## Question 8

# 後に無効となった特許について文句をいえるか？

当社（X社）では、Y社の特許技術を利用して新製品を製造販売するため、Y社役員のA氏と交渉を続け、ライセンス契約直前までこぎつけました。念のため調べたところ、Y社の特許はZ社との間で有効性について争われており、無効審判の請求をされていることがわかりました。しかし、A氏が「大丈夫だ、迷惑はかけない」と断言するので、ついに契約締結しました。ところが、契約金五百万円を支払った直後、この特許技術が無効であるという審判が出たのです。Y社法務部は「ライセンス契約に、理由の如何を問わず契約金は返還しないと規定されている」と言いますが、契約金を返せと主張できますか？（50代男性）

# Answer

**☆登録された特許権も、後に無効とされる場合がある。**
**☆無効となることが予期されていた場合は錯誤とはいえない。**

本件を整理すると、次のようになります。

①X社では、Y社の特許技術を利用するため、Y社との間でライセンス契約を締結することを検討していた。

②ライセンス契約締結前に、X社で調査したところ、Y社の特許については、Z社との間で有効性に関して紛争があることが判明していた。

③X社の方で、Y社に対して本件特許技術の有効性について懸念を示した。

④これに対して、Y社の役員が、「大丈夫だ、迷惑はかけない」と明言した。

⑤そこで、X社はY社との間でライセンス契約を結び、契約金を支払った。

⑥ところが、後に本件特許登録が無効との審決が下された。

⑦既に支払った契約金の返還を求めたところ、Y社から、「ライセンス契約には、理由の如何を問わず契約金は返還しないとの規定がある」と主張された。

この場合、後に特許が無効となるのであればライセンス契約など結ばなかったと主張して、X社は既に支払った契約金を返せと言えるか、という問題です。

契約の重要部分に錯誤（認識の食い違い）があった場合、その契約は無効と主張することができます（民法95条）。契約が無効になれば、はじめからなかったことになるので、既に支払った契約金等は返還するよう求めることができます。

しかし、本件と同じ事例で、判例は、本件ライセンス契約締結の意思表示に錯誤があったと認めることはできない、と判断しました（東京地裁昭和57年11月19日判決。なお、判例は実用新案権の事例）。

判例が重視したのは、本件でいうと②と③の事実です。

X社において、本件特許の有効性について紛争が存在し、既に無効審判の請求がされていたことを認識しており、さらに、X社としてもその有効性について疑念を有していました。それにもかかわらず、X社は「理由の如何を問わず契約金は返還しない」

という条項が記載されたライセンス契約にサインをしているのです。とすれば、X社としては、この条項があることによって、将来無効審決が確定しても、既に支払った契約金の返還を受けることができないことを認識していたと考えるほかありません。

したがって、X社においては、ライセンス契約を締結するにあたって錯誤があったとはいえず、契約どおり、契約金の返還を求めることはできないという結論になるのです。

特許権も実用新案権も、無効審判制度があり、いったん登録された権利であっても、本件のように、将来的に無効とされる可能性が常に存在しています。そのような場合を想定して、ライセンス契約では、「将来無効とされても、既に支払われた契約金やライセンス料は返還されない」という規定が置かれるケースも珍しくはありません。

特許技術などのライセンス契約締結にあたっては、このような点も留意する必要があります。

## Question 9

# 使い捨てカメラをリサイクルしても大丈夫？

父が現像ショップ（DPE）を経営しています。裏の倉庫に、お客さんが持ってくる大量の使い捨てカメラがあるのを見て、新ビジネスがひらめきました。使い捨てカメラとはいえ、現像後もレンズはそのまま使えますし、バッテリーも残っています。フィルムだけ入れ替えて、「再生使い捨てカメラ」として売り出そうと思います。環境にも優しくリサイクルにもなりますし、是非実現させたいですが、問題ないでしょうか？（20代男性）

# Answer

**☆特許製品が流通に置かれた場合など、権利が消尽すると特許権の効力は及ばなくなる。**
**☆製品が使い尽くされた後に製品を再生させて販売する行為は特許権を侵害する可能性がある。**

この問題を考えるには、まず、「権利の消尽」という概念を理解する必要があります。

特許製品を生産、使用、譲渡（販売）等する行為や、特許技術を使用する行為を「実施」といいますが、特許発明を実施するためには、その発明についての特許権が必要です。特許権がないのに、特許権者に無断で実施する行為は、特許権侵害となります。しかし、いったん市場に流通した製品について、その後転売等するたびに権利者から実施許諾を得る必要があるとすると、製品の自由な流通を妨げることになります。また、その製品を譲渡（販売）するという実施権は、最初の販売で目的を達しているので、その後の販売についても特許権者の権利が及ぶとなると、権利者は二重に利益を得ることにもなります。

そこで判例は、「特許権者又は特許権者から許諾を受けた実施権者が我が国の国内において当該特許発明に係る製品を譲渡した場合には、当該特許製品については特許権はその目的を達したものとして消尽し、もはや特許権の効力は、当該特許製品を使用し、譲渡し又は貸し渡す行為等には及ばないものというべきである」としています（最高裁平成9年7月1日第三小法廷判決）。これを、権利の消尽といいます。

この理屈からすると、本件のような、お客さんが現像所に持ってきた使い捨てカメラは、既に市場に流通していますので、これに対する特許権は目的を達して消尽したようにも思われます。

しかし、同種の事案で裁判所は、特許権は消尽していないと判断しました（東京地裁平成12年8月31日判決）。この判例で裁判所は、①特許製品がその効用を終えた後においても、特許権者は、当該特許製品について特許権を行使することが許される、また、②当該特許製品において特許発明の本質的部分を構成する主要な部材を取り除き、これを新たな部材に交換した場合にも、特許権者は、当該製品について特許権を行使することが許される、としました。

①については、その効用を終えた後の特許製品に特許権の効力が及ぶとしても、市場における商品の自由な流通を阻害することにはならず、また、特許権者が二重に利得を得ることにもならない一方で、効用を終えた特許製品に加工等を施したものが使用ないし再譲渡されると、特許製品の新たな需要の機会を奪うことになるので、特許権者を害する、という理由です。

②については、このような場合には、当該製品はもはや特許権者が譲渡した特許製品と同一の製品とはいえない、という理由です。消耗品の交換や修理は、いまだ当初製品との同一性は失われないので、ここでいう場合にはあたらないことになります。

この理屈によれば、本件の場合、流通に置かれた使い捨てカメラの特許権はいったん消尽したものの、使い切って効用を終えたことで再び特許権の効力が認められることとなり、少しおかしな感じもしますが、判例はこのように判断しました。

なお、最近の判例でも、同様の理由で特許権が消尽しない場合について判断しています（知財高裁平成18年1月31日判決）。

## Question 10

# 挨拶は知的財産になる？

長年、市場調査を重ねた後、満を持して出店した「メイド居酒屋」が大成功し、最近ではチェーン展開までできるようになりました。私の事業の成功の一要因として、お客様ご来店時にメイドたちがする、独特の挨拶があるのではないかと分析しています。

先日、競合店にお忍びで行ってみたところ、うちの店の挨拶とそっくり同じセリフと仕草で出迎えられました。この挨拶は、私が数ヶ月もかかって考え抜いたもので、奇抜で斬新なものなのですから、知的財産だと思います。すぐにでも競合店に挨拶変更を申し入れたいと思いますが、可能でしょうか？（30代男性）

Answer

## ☆挨拶が知的財産権の対象として保護されるのは難しい。

奇抜な挨拶は法律の規定に基づいた知的財産権の対象となるでしょうか。もしなるとすれば、権利者に無断で利用する行為は権利侵害となり、権利者はその侵害者に対して、差止請求や損害賠償請求ができそうです。

しかし、結論的には難しいでしょう。

可能性としては、著作権が考えられます。著作権の認定に語句等の長短は関係ないので、俳句などは著作物として認められます。

ただし、誰でも考えつくようなオリジナリティに乏しいものは創作性がないとされ、スローガンやキャッチフレーズなどは、多くの場合は著作物性が認められません。

奇抜な挨拶の場合も、仮に創作性に富んでいたとしても、思想又は感情を表現したものとはいい難く、結局、著作物として認められることも困難だと思われます。

## Question 11

# ゲームの画面は意匠法で保護される?

学生仲間で会社を立ち上げ、家庭用ゲームソフトの開発を請け負っています。いわゆる学生ベンチャーです。これでも、開発したゲームは結構ヒットしています。

中でも、僕らのゲームの最大のヒット要因は、抜群にセンスのよい画面デザインで、画面構成のよさが操作性のよさにも結びついていると自負しています。そのため、ゲーム画面の「デザイン」を是非、意匠として登録し、簡単に他社に追随されないようにしておきたいと思っています。意匠法できちんと保護してもらえるでしょうか?(20代男性)

# Answer

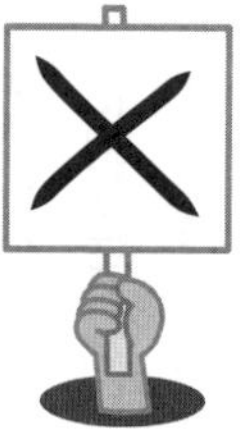

**☆平成18年に改正された意匠法では、画面デザインが保護されることになった。**
**☆ただし、ゲームの画面などは保護の対象とはならない。**

ゲーム画面のデザインも創意工夫が凝らされており、「知的財産」といえそうです。しかし、意匠法上の「意匠」としては保護されません。現行の意匠法で「意匠」として保護される「画像」は、機器の制御や設定等の操作に使用される画面デザインのことを指しています。

ゲーム画面の画像は、ゲーム機そのものの制御や設定を行う操作のための画面ではなく、あくまでもゲーム内でゲームを展開したりキャラクターを操作するためのものなので、意匠法で保護の対象となる「画像」ではありません。「画像」として認められるものとしては、例えば、デジタルカメラや携帯電話機、カーナビ等の画面で、機器の操作に用いられる画像などにとどまります。

# Question 12

## 出版契約締結後、他の出版社へ乗り換えることはできる？

女性向けの詩をブログに書き溜めて、そろそろ二年になろうとしています。書き込むとすぐに、多くの方からコメントが寄せられるほど、ファンも増えてきました。この際、貯金を使って自費出版してみようと思いたちました。

原稿を出版社に持ち込んだところ、自費出版ということで、制作費全額負担ならという条件で、無事契約ができました。はじめのうちは、出版社の担当者も親身になってくれていたのですが、二ヶ月目あたりから急に別件で忙しくなったようで、連絡すら取りにくくなっています。契約してから半年が過ぎた今も、放置されている状態です。いっそのこと他の出版社にこの企画を持ち込みたいのですが、大丈夫でしょうか？（30代女性）

# Answer

## ☆出版権者は六ヶ月以内に出版する義務を負う。

著作者など、著作物を複製する権利を持っている者（複製権者）は、その著作物を文書又は図画として出版することを引き受ける者（通常は出版社など）に対し、出版権を設定することができます（著作権法79条1項）。出版権は排他的権利とされているので、出版権を設定すると、複製権者が自分でその著作物を出版したり、他の出版社に同じ内容の出版権を設定する（出版契約を結ぶ）ことはできません。

出版権の設定を受けた出版権者は、原則として、複製権者からその著作物を複製するために必要な原稿その他の現品又はこれに相当する物の引渡しを受けた日から六ヶ月以内に当該著作物を出版する義務を負います（同法81条1号）。出版契約などでこの期間は短縮したり延長することはできます。この出版義務に違反した場合、複製権者は、出版権者に通知してその出版権を消滅させることができます（同法84条1項）。

本件の場合、出版契約で期間について特に延長されていなければ、出版権者である出版社に通知をして出版権を消滅させれば、他の出版社と新たに出版契約を結ぶことができます。

# 第三章　教えます！　Ｗｅｂ2.0時代のアイデア活用術

第三章および第四章では、会社・社会で直面する事例を参考に、コンサルタント的視点から知的財産権を解説し、○（正しい判断・理解）、×（誤った判断・理解）、△（ケースバイケース）の判定をします。

# Question 1 他人のブログに掲載されていた発明を特許出願してもよいか？

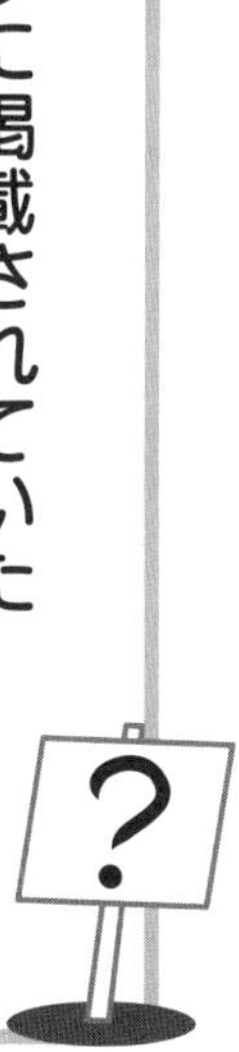

私は、某生活用品メーカーの社員で、新商品企画の担当をしています。ある日、ネットサーフィンしていたら、個人のブログに、自社の掃除用ワイパーを独自に改良して使用する発明が掲示されていました。面白いと思ったので、早速そのアイデアをいただき、自社の新商品として売り出したいと考えました。そのブログを見る限り、特に権利を取得している様子はないので、こちらで特許の出願をしてしまおうと思います。問題はないですよね？（40代男性）

# Answer

**☆権利化せずにブログに公開している発明は、第三者がそのアイデアを無断で使用し、事業化する可能性がある。**

**☆その発明を、第三者が権利化してしまった場合、元の作者は自分の発明を活用できなくなる場合がある。**

まず、「先使用権」について説明します。

特許法では、自分が先に発明／実施していたある技術に関し、もし他人に先に特許権をとられてしまった場合、先にそれを発明／実施していた自分が、引き続きその技術を使用する権利として、いわゆる「先使用権」を認めています。ただし、先使用権が認められるためには、①特許出願に係る発明の内容を知らないで、②特許出願の際現に、③日本国内において、④その発明の実施である事業をしている又はその事業を準備している、という要件を満たす必要があります。

今回のケースの場合、この個人ブログの作者の発明については、①の要件は満たすかもしれませんが、②～④の要件を満たしてはいないようです。したがってこの場合、ブログ作者の先使用権は認められず、第三者がこのブログに掲載されていた発明に価値を見出し、その発明を「いただいて（特許権を取得して）」ビジネス活動を行うことは、法律上は問題ないと思われます。

つまり今回のケースでは、このメーカーがその発明について、特許権の取得を済ませているのであれば、そのブログ作者が後に、自分のアイデアを使ってビジネス活動を行った場合、特許権の侵害としてメーカーから訴えられる可能性があります（ただし、発明のうちブログ上で公開された部分は少なくとも新規性を失っているので、そのままではメーカーが特許を取得できる可能性は低いです）。

ブログの作者からすれば、納得できない話かもしれませんが、日本に限らず、世界（米国を除く）の特許制度は「先願主義」が主流です。先願主義とは、最初に特許出願を行った者に特許権を与える制度のことです。例えば、同じ発明をした人が二人いた場合、どちらが先に発明をしたかではなく、先に特許庁に出願した人に特許権が発生します。現在では、米国以外のほとんどの国でこの方式を採用しています。また米国においても、先発明主義から先願主義への移行の準備が進んでいます。

このケースを教訓として考えれば、もし、個人からでも会社からでも、非常に面白く優れた発明やアイデアが生まれた場合、将来的にそれをもとにビジネスを立ち上げるつもりがあるなら、軽率にブログや会社のサイト・研究会などでその成果を公開すべきではない、ということです。よいアイデアは興奮や高揚をもたらしますが、特許などの知的財産権の取得の費用対効果や、ビジネス展開の将来性について、常に念頭において検討を重ねた上で行動すべきです。

## Question 2

# 知的財産権を取得すれば、第二のYouTubeも夢じゃない？

今、動画配信サイトのYouTubeが流行っていますが、実はその仕組みを自分なりに改良して、昨年「MyTube」なるサイトを立ち上げ、運営を始めてみました。そうしたところ、この一年でメンバー数が百万人を超え、密かな人気サイトとなりました。将来は、YouTubeのようにこのサイトを大手企業に売りたいとも思っています。そのためには、特許権等の知的財産権を取得しておくことは必須でしょうか？（20代男性）

# Answer

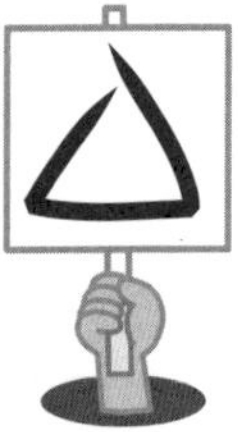

**☆既存技術の改良であっても、それが新規性、進歩性をもっていれば、特許を取得することができる。**

**☆企業の価値は、有形財産や知的財産権などの無形財産以外に、技術を利用するコミュニティの大きさなどによって決まる。**

まず、「My Tube」なるサイトについて、その改良技術が新規性、進歩性をもつと認められれば、特許権の取得は可能です。特許権を取得すれば、当然、特許権に係る発明を権利者に無断で実施した者を訴えることができます。そういう意味で、知的財産権の取得を検討することは、意味のないことではありません。（なお、サイト自体を構成するのは動画やCGなどの著作物であり、これらは著作権法により保護されます。）

しかし、動画配信サイト運営のような業態の企業価値を決めるのは、そのような新規性を持つ技術なのでしょうか。

YouTubeは、二〇〇五年に米国カリフォルニア州で設立された動画共有サイトですが、二〇〇六年には、Googleが十六億五千万ドルもの値段で買収したことで大きな話題となりました。YouTubeの有するアイデアや技術力もさることながら、一日の閲覧数が一億回を超えるともいわれる「コミュニティの大きさ」に、Google社が魅力を感じての買収だったといわれています。

もともとGoogleは、「天才的技術者の集団」といわれており、Googleが本気でYouTubeと同等かそれ以上のサービスを開発しようと思えば、一定の時間をかければできてしまうに違いありません。それでもなお、GoogleがYouTubeを買収した背景には、やはり、単なる動画配信のアイデアや技術力というYouTube内で生み出された価値に加え、YouTubeが提供した「表現の場」の中で蓄積されたコミュニティの価値を無視できないという判断があったものと思われます。

YouTubeは、こうした買収劇のほか、本書の主題でもあるインターネット時代の著作権問題にも大きな話題を提供しており、コンテンツビジネスや著作権法という枠組みについて、依然、流動的に対応しながら、時代の方向性を模索しています。

新規性、進歩性をもつ自社の技術に関し、特許権を取得すれば、確かにその権利は保護され、利益を生む可能性はあります。しかし、ビジネスの成功という観点からは、それは一つの必要条件に過ぎず、権利獲得を第一義として目標設定することは、必ずしも企業価値を高める最良の施策とは言えません。肝心なのは、その技術によって、どのようなサービスを、誰に、どのような形で提供するのかといった、ビジネスモデルの検討です。それを抜きにして、技術力や権利だけをもっていても、それらが収益に直接つながらない場合があります。特に、インターネット時代のコミュニティ依存の業態にあっては、このビジネスモデルの検討は、最大の課題といえるでしょう。

Question

# 3

## 仮想空間のお金の価値は、現実世界とリンクするのか？

最近「セカンドライフ」を始めてみました。仮想空間で土地や建物、アイテムなどが売買されています。私も是非、セカンドライフ内で、現実世界ではなかなか実現できなかったビジネスアイデアを試してみたいと思っています。仮想の世界なら、きわどい事業やリスクの高い投資も試せそうだし。また、セカンドライフ内の通貨リンデン・ドルは、現実のお金と換金可能とか。単なるデータに過ぎないとも言える仮想空間内のお金ですが、現実世界のものと同じように考えても良いのでしょうか？（30代男性）

# Answer

**☆仮想空間内で流通するお金は、データに過ぎないともいえるが、ある仕組みのもとでは、現実通貨に換金可能である。**

**☆現実世界の経済と仮想空間での経済が、リンクしはじめている。**

セカンドライフ（Second Life）とは、アメリカのLINDEN RESEARCH社（以下「リンデン社」）が提供する、世界で最大規模のインターネット上の３Ｄ仮想空間のことです。発足から一年足らずで、ユーザー数が三百万以上に膨れ上がったといわれています。

セカンドライフの中では、ユーザー自身の手でいろいろなものを作り出せます。簡単な操作で、球体や立体を作り、それを組み合わせ、表面を加工することで、家具でも建物でも自由に作ることができます。作り出したもの（アイテム）の著作権は各ユーザーに帰属することから、セカンドライフ内で自由に売買してもよく、アイテムの売買にはセカンドライフ内で通用するリンデンドルという仮想通貨を使います。この通貨は、セカンドライフ内だけで通用する通貨です。

しかし、このリンデンドルは、リンデン社の「LindeX」という両替サービスを利用することで、US$に換金可能なのです。つまり、セカンドライフという仮想空間で稼いだ収入は、換金を通じてリアル世界での収入になるということです。

第二章でも、セカンドライフにおける「所有権」について考えたとおり、単なるデータに過ぎない仮想空間内のアイテムや不動産に、現実世界の民法上の所有権はありません。あくまでも仮想空間内でのみ意味をもつ財産に過ぎないわけですが、実際にはそれを売買することにより差益が生じ、また、仮想空間と現実世界を結ぶ両替サービスがある以上、換金を通じて、仮想空間での収入がリアル世界での収入になり得るのです。これは一体、どう理解したらよいのでしょうか。

米国IT業界のオピニオンリーダーの一人で、「ウェブ2.0」という言葉の生みの親でもあるティム・オライリー氏は、ゲーム内通貨の換金について次のように答えています。

「(ゲーム内通貨の)換金は絶対に(現実)経済に組み込まれるべきだ。たとえ禁止したところで、人々はイーベイを使って売買するだろう。つまり制御できないのだ。それはまた、国家的なトレンドでもある。金融市場をはじめ、われわれの経済活動はますます仮想化している。なぜゲームの仮想世界で作り出された事物だけが、それと違うことになるのか。確かに危険性はあるが、それは何でもそうだ。われわれはゲーム経済を排除するよりも、むしろ、それを適切に機能させる仕組みを検討した方がいい」（「ITPro」によるインタビューより）

確かに、セカンドライフのような仮想空間での経済活動を、現実経済の枠組みに完全に組み込むためには、適用される法律や税金など、解決しなければならない問題がありますが、世の中のトレンドとしては、現実経済と仮想空間での経済活動の垣根はなくなっていく方向にあるといえるでしょう。実際、ＩＢＭをはじめとする、リアル世界の大手企業が、仮想空間内でのソリューション提供や広告活動などを、本格的に始めています。

## Question 4

# ＳＮＳ上の共同発明を個人名義で特許出願してもよいか？

私が主宰するＳＮＳ上で、多数の匿名参加者がアイデアをもちよりながら、絶対に儲かりそうなビジネスモデルがまとまりました。せっかくのアイデアだし、どうせなら独占的に実現させたいので、特許を出願しておこうと思います。私のＳＮＳ上で生まれた発明なので、私だけの名義で出願しても問題ないでしょうか？（20代男性）

## Answer

**☆法律上は、共同名義にしなくても問題にはならない可能性がある。**
**☆しかし、ネットの世界では、持ち寄られたアイデアはオープンな知的資産として共有するのがマナー。**

ソーシャル・ネットワーキング・サービス（ＳＮＳ）とは、インターネット上で社会的なネットワークを構築できる、会員制のコミュニティサービスです。今では、多くの人が、自分の趣味嗜好や、関心のある各種カテゴリーのつながりを強化・促進するために、ＳＮＳを主宰したり登録したりしています。

ここではまず、一般的な意味での「共同研究」および「共同名義」について考えてみましょう。一つの発明を数人で完成したとき、その発明を共同発明といいますが、その場合、参加者全員が発明者となり、その共同発明についての特許を受ける権利も全員で共有することになります。つまり、今回のケースにおいても、ビジネスモデルの発明が共同で行われたのであれば、特許の出願も共同名義で行うのが基本になります。

しかし、自身が主宰するSNS上で、多数の匿名の参加者の補助を得て生まれたビジネスモデルのアイデアを仮にサイト主宰者の発明と考えるならば、その場合、サイト主宰者名義で特許を出願、権利取得しても、法律上問題にはならない可能性があります。そして、特許権を与えられれば、その発明をサイト主宰者以外の人が使った場合、特許権の侵害として訴えることもできます（ただし、発明のうちSNSで公開された部分は少なくとも新規性を失うと判断される可能性が高いため、そのままでは特許権を取得できる可能性は低いです）。

他方、そのようなインターネット上での多数の人間の参画によって生まれたアイデアを「独り占めする行為」は、本来は道義的な「マナー違反」だと考えられます。それは、すべての情報が完全に公開・共有される中で議論が進展成熟し、革新的なアイデアが生まれる、というインターネットの特性にただ乗りする行為であり、現行の法律違反かどうかはともかく、やってはいけないことだと筆者は思います。

インターネット上に掲示板が出てきた頃から、「掲示板に載せたものはみんなもの」

などといった「ネットリテラシー」がまとまってきて、インターネット上でのやりとりを快適なものにするための工夫がなされてきました。今回のケースについても、インターネットが匿名でのオープンなやりとりを可能にするインフラであり、そこで生まれたアイデアである以上、そのアイデアの活用も、オープンな形で行われるべきと考えます。

## Question 5
# 自作iPODを量産、販売してもよいか？

私は機械工学専攻の大学院生です。先日の授業で、アップルのiPODの部品の多くは日本や台湾などの企業から調達されており、また、製造・組立ても台湾企業が代行していると習いました。そこで、先日秋葉原で同等の部品を購入し、ついに昨晩、iPODとほぼ同じ性能・デザインの製品の作成に成功しました。今後は、この製品を「MyPOD」と命名し、これを量産、販売していきたいと考えていますが、問題ないですよね？（20代男性）

# Answer

**☆既存品と見間違うものを製造し、それを広く販売するのであれば、意匠権侵害になりうる。**

確かに、iPODを構成する部品の多くは広く流通しており、その製造工程も、台湾あるいは中国のEMS（電子機器の受託生産を行う企業）に委託しているといわれています。パソコン系の部品、組立に詳しい人であれば、「iPODらしきもの」を自作することは可能かもしれません。しかし、iPODの魅力である筐体のデザインやGUI（Graphical User Interface）は、アップル社により意匠権等を取得されていると思われます。つまり「MyPod」なる類似品を自作して個人で楽しむ分にはよいですが、それを量産、販売した場合は、アップル社の知的財産権の侵害となります。また、iTunes MusicストアをiPODと連動させるなど、ユニークなビジネスモデルも成功の一大要因であることを忘れてはなりません。

## Question 6

# 地域経済においては、知的財産の集積は意味のないものか？

私は市役所で地域産業の活性化を担当しています。最近、「知的財産の集積が、経済の活性化につながる」といわれ、私の部署でもそうした活動を求められるようになりました。個人的には、そうした活動は主に国レベルや、東京などの大都市に限られた話で、地方では、知的財産の集積に関して特に打つべき対策はないのでは、と思っています。いかがでしょうか？（40代男性）

# Answer

**☆知的財産を多数保有する特定の産業が、地方に根づく可能性はある。**

**☆特定業種の知的財産が地域に集積するような、大胆かつ地道な政策支援が有効。**

地域経済の活性化は、現代日本の最重要課題の一つです。

大都市のような人が密集するところでは、雑多なアイデアも生まれやすく、おのずと知的財産が集積していく傾向があります。工場のような設備と違い、アイデアというのは「人」から生まれるものである以上、東京などの人口が多い首都圏の方がどうしても有利になりがちです。

しかし、特定の分野に特化した知的財産の集積については、種々雑多な東京などよりも、独特のカラーをもつ地方の方が優位性があると思います。地場に根づいた人的なネットワークが築きやすく、かつ密度の濃いやりとりが容易だからです。また、情報の多くがインターネット上で取得できるようになり、地方にいることのデメリットも薄れてきているといえます。

例えば、札幌では、一九九〇年代以降にＩＴベンチャー企業の集積が進み、「サッポロバレー」と呼ばれる一大コミュニティが形成されました。札幌という環境が、経営者、技術者、大学教授等の密接なネットワーク構築を可能にし、継続的な事業創出につながったといわれています。現在でも、北海道大学卒業生など、地元に根づく技術者の受け皿となっています。

また、戦後の時計・カメラなどの精密工業で「東洋のスイス」と謳われた長野県の岡谷市なども、時代の流れと歩調を合わせながら、精密加工や組み立て技術などを軸とした「ナノテクノロジーの町」へと、転換を図っているといわれています。

このように、各地域が地場の特徴を踏まえ、どんな産業を集積させていきたいかを考え抜き、それを実現するためのあらゆる手段を講じて、時間をかけて継続的に産業を育てていけば、必ずや地方にも知的財産が集積し、最終的には新たな雇用を創出していくものと考えられます。

また、国もそのような地域の取り組みを支援しています。例えば、福島県の会津若松市、郡山市では、国から「知的創造・開発特区（構造改革特区）」の認定を受け、域内の外国人研究者の在留期間などの規制を緩めてもらうことにより、積極的に医療福祉機器産業を育てようと試みています。

人口が流出し、元気を失っている地域こそ、知的財産の集積をいちばんに考えていくべき時代なのかもしれません。

なお、地方の過疎化が日本以上に進んでいるお隣の韓国の特許庁は、首都ソウルではなく、南へ百八〇キロ離れたデジョン（大田）にあります。ここは韓国有数の研究開発集積地となっており、韓国政府は大都市のど真ん中からは多数の発明は生まれてこないと考えているのです。

## Question 7
## 総務部門の海外へのアウトソーシングは不適切か？

私は某大手通販企業の総務担当です。先日、突然専務から発表があり、総務部門を来月からすべて、中国にある業者に外部委託することにしたというのです。総務のような業務は、経営幹部から一担当者に至るまで、社員との密接なコミュニケーションが必要なので、海外でそれを行うのは不可能だと思っています。この決定には断固反対していこうと思いますが、いかがでしょうか？

（30代男性）

# Answer

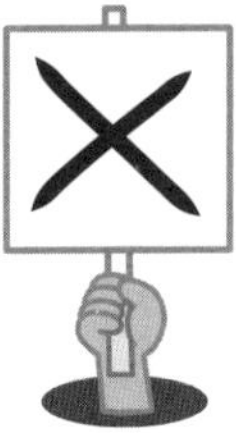

**☆知的財産を生み出さない業務の大半は、既にタブーなく海外にアウトソーシングされつつある。**
**☆すべての日本人が「発明家」になる必要に迫られている。**

企業の規模にもよりますが、総務の仕事は、備品に関する個々の社員からの問い合わせからオフィスのレイアウト変更の実施、さらには株主総会の準備まで、実に多岐にわたり、全社員との密接なコミュニケーションを必要とすることから、安易に海外にアウトソーシングすることはタブーであるように思えます。

しかし、グローバル化が進みボーダレス化が加速する現在、そのような「タブー」の壁までも崩されようとしています。

例えば、中国の大連、瀋陽などでは、ビジネスレベルの日本語能力がある現地スタッフを、数百人単位で、日本の五分の一～十分の一のコストで集めることができます。

こうした状況下で、総務のような間接部門については、すべての職員の活動を企画機能と実施機能に振り分け、実施機能はすべて中国などで実施するとして、業務プロセスの見直しを行っている企業が出てきています。

つまり、いままで渾然一体としていた部門、職員の業務を、「知的財産を生み出す業務」と「知的財産を生み出さない業務」とに分け、前者は日本で、後者はコストの安い海外で、というビジネスの潮流ができつつあるのです。この潮流をもたらしたのは、ＩＴ技術によって国境を超えた共同作業が容易になったこと、また、こうした共同作業のビジネスプロセスになじんでいてそのプラットフォームを開発することのできるＩＴスペシャリスト達が多数出現したこと、さらには、アウトソーシングされる側である途上国でも、基礎的なビジネススキルを修得した人材が急激なスピードで増えていること、という三つの環境変化です。

こうした潮流の中、世界で最もコストが高い日本人はどうしたらよいのでしょうか。敢えていうなら、「知的創造ができる人」になるべし、というのがその答えです。大半の作業が秩序化され、アウトソーシングされる可能性がある中で、日本の居住者がグローバル化された世界で活躍するためには、現在の作業プロセスの問題点を発見し、改善策を立案したり、革新的な技術、ノウハウを考案したり、新たな製品・サービスを生み出したりするなど、世の中の複雑なニーズを満たせる「人財」である必要があります。つまりは、すべての日本人が「発明家」になり、知的財産を生み出していかなければならない時代になってきたということです。

## Question 8

# 一個人でも、知的財産権を取得することはできるか？

情報工学を専攻している大学院生です。これまで知的財産権というと、大手企業の世界のことで、自分とは関係ないと思っていました。ですが最近では、リナックスに見られるように、ネット上での一個人の作業の積み重ねで、マイクロソフトを脅かすようなソフトウェアが生まれてきていますよね。これからは、私のような個人でも、知的財産権を取得することは可能になるのでしょうか？（20代男性）

# Answer

☆知的財産権の源泉は、大企業から個人や小組織にシフトしていく。
☆個人の資金／ビジネスノウハウの不足は、「コーディネート組織」が補う。

発明等の知的財産権の源泉は今後、大企業から個人や小組織に移行していくと思われます。ことにＩＴ関連では、リナックスのように、ソースコードをインターネット上に無償で公開し、世界中の不特定多数の個人が自由にそのソフトウェア開発に参加できるような手法が増えてくるでしょう。しかしながら、一個人は、その知的財産権を大きなビジネスに育て上げるノウハウ／資金力がないのも事実です。したがって今後は、知的財産権を所有する「個人」と、それをビジネスの目で評価し、資金／ノウハウ／ネットワークを使って大きなビジネスに育てる、個人を補完する「コーディネート組織」との役割分担が進むことになると考えられます。

# 第四章　ビジネスで、知って得する知的財産権

## Question 1

# 日本で特許権を取得していれば、その製品を海外でも販売できる？

我が社の液晶パネル製造装置は、既に日本で特許権を取得しており、もはや他社に真似されることはないと思っていました。ところが先日、ある米国の企業A社からクレームレターが届き、そこには「貴社が保有しているものと同様の技術について、我々の会社が米国で特許権を取得したので、今後は米国での製品の販売を控えられたい」と記載されていました。我が社としては、A社よりも先に特許権を取得しているわけですから、A社の主張は言いがかりであり、引き続き米国でも販売を続けようと思っていますが、いかがでしょうか？（50代男性）。

# Answer

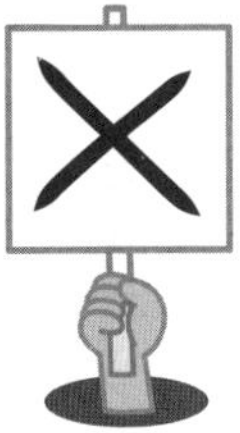

**☆日本で取得した特許権は、日本国内でのみ有効。海外展開するなら、それぞれの国での特許権取得が必要。**
**☆ただし、海外への特許出願は、手続が複雑で費用も嵩むので、事前に弁理士等に相談した方がよい。**

特許権の効力は、当該特許権が設定登録された国の「国内」でのみ有効です。つまり今回のケースでは、A社の主張を退けることはできず、引き続き米国での販売を続けるのは難しいといえます。特許権に係る発明を含む製品について、外国でも販売（輸出）／製造する場合、その対象国においても特許出願を検討すべきです。ただし、海外への出願は、国内出願に比べて手続きが複雑で費用も嵩むので、事前に弁理士等に相談した方がよいでしょう。

なお、将来的には、アジア太平洋経済協力会議（ＡＰＥＣ）域内等において、各国の特許審査結果を相互利用できるようになる可能性もあります。

## Question 2

# 特許出願を常に積極的に推進すべきか？

私は小規模の製造業の経営者です。我が社では今後、知的財産権をウリに経営していきたいと考えており、自社技術・ノウハウの積極的な特許出願を検討しています。特に、我が社の強みである、機材の配置や従業員の動き方といった製造ノウハウを権利化したいと思っています。しかし、「特許権は、出願の手間に比して、それほど役に立たない場合もある」とも聞きます。積極的な特許出願で会社を伸ばそうと考えていますが、問題はないでしょうか？（50代男性）

# Answer

**☆せっかく特許権を取得しても、他社による権利の侵害を立証することができない場合がある。**
**☆製品に組み込まれている技術についてのみ特許出願することを基本とすべき。**

製造業における特許の出願を考える時、技術／ノウハウは大きく二種類に分類されます。①製品に組み込まれ事実上外部に公開される技術（例：パソコンの製品構造に関する技術）と、②工場内の製造ノウハウ（例：部材の診断方法）に関する技術です。

①の技術は、他社に盗用されても特許権者による検証が比較的容易である一方、②のノウハウは、他社が盗用しても、工場内部での利用だけに、発見して特許権侵害を検証することはなかなかできないという実情があります。以上から、特許出願を行う際は、その技術が製品に組み込まれ、盗用が検証可能な技術なのかを峻別していくのが得策といえるでしょう。

## Question 3

# 海外企業に先んじていくためには、特許出願が鍵になるか？

私は日本国内で繊維製造業を営む中堅企業の経営者です。我が社の精鋭の研究陣が五年がかりで、究極的に細い糸の製造技術を開発し、先日特許権を取得しました。ところが最近、台湾の競合企業も自社と類似の技術を開発したとのことで、驚いています。中国で製造業の経営をしている友人に相談したところ、「特許の出願は、自社の技術情報を無償で競合他社に提供してしまうようなものだよ」と言われました。我が社としては、そうはいっても引き続き他の技術についても特許の出願を続ける戦略をとるほかないと思っていますが、この姿勢を貫いて問題ないでしょうか？（40代男性）

# Answer

☆出願された特許は、出願日から一年六ヶ月が経過すると、特許庁の公開公報を通じてその内容が公開される。
☆台湾等海外の競合企業から自社の出願内容が見られることを前提に、特許の出願を検討すべき。

日本では、特許権を取得することは必ずしも重要ではないと考えている企業があります。例えば、シャープでは、液晶パネルの新規（第六世代）プラントを亀山で立ち上げた際、新たに開発した技術は合計で約千件に上ったといわれています。そのうち、製品に組み込まれ事実上外部に公開される技術は約三分の一を占め、これらについては特許の出願が行われました。一方、残りの三分の二は、工場内の製造ノウハウに関する技術で、これらについてはあえて特許を出願せず、流出しないようにブラックボックス化されたのです。

この意思決定の背景として、出願された特許は、出願日から一年六ヶ月が経過すると、特許庁が「公開公報」によって内容を広く公開することになっていることがあげられます。これはもともと、特許を出願してから権利化までに時間がかかることから、出願中の特許案件と重複した研究や出願が行われないように配慮するためです。

この「公開公報」を閲覧できるのが、特許電子図書館（IPDL）です。これは、明治以来発行されている五千五百万件以上の特許情報を収録しており、一九九九年三月に開設されました。これにより、それまで特許情報に比較的疎遠であった研究者や技術者が、インターネット上で公開公報を検索できるようになっただけでなく、ベンチャー企業等中小企業も、特許情報へのアクセスが容易になるといったメリットを生んできました。

しかし、二〇〇四年七月、特許庁が、特許電子図書館の特許・実用新案の公開公報へのアクセス状況を調査したところ、アクセス件数の上位十社は日本企業ではなく、韓国、台湾、中国企業であるというショッキングな事実が明らかになりました。とりわけ韓国、台湾企業は組織立ってアクセスし、日本の公開特許をしらみつぶしに調査しているといわれています。

シャープが、新たに開発した液晶技術の三分の二を、敢えて特許出願しなかったのは、以上のような背景があるためなのです。

したがって今後は、韓国、台湾をはじめとする海外の競合企業からも、自社の特許の出願内容が閲覧されているということを前提に、特許の出願を検討していく必要があるといえます。

Question

# 4

## 一度取得した特許権は、維持する戦略が得策か？

私は福島の食品メーカーの二代目社長です。昨年事業を父親から引き継いだ際、各種帳簿を整理したところ、これまでに自社で数十件の特許権を取得していることがわかりました。今のところ、これらの特許は我が社のビジネスには活用されていないのですが、いずれ使い道が出てくるかもしれないと思っています。ついては、これらの特許権は現状維持で管理を続け、将来的な利用チャンスを待ちたいと思います。特許権を維持するこのビジネス戦略で、問題ないでしょうか？（40代男性）

# Answer

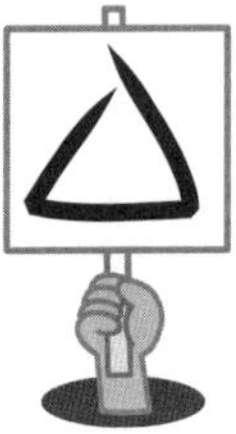

**☆多くの日本企業は、取得した特許権をビジネスに活用できていない。**
**☆特許権を維持するためには費用がかかることもあり、定期的に、保有している特許の活用方法の検討を行うべき。**

「特許権の効力」の継続性ですが、一度取得した特許権でも、特許料を支払い続けないと、いずれその権利は失われてしまいます。特許権の効力を継続させるためには、特許庁への特許料の納付が必要なのです。特許料は、特許になったときに、三年分をまとめて最初に支払いますが、四年目以降は毎年支払うことになります。毎年特許庁から通知がきますが、なかにはその通知をどこかに紛失してしまい、支払手続きを忘れてしまうケースもあるので、注意が必要です。

さらに、特許料は、次のとおり、年とともに次第に高額になってきます。

・登録時：（二千六百円＋請求項数×二百円）×三（三年分の特許料）

・四年～六年：毎年八千百円＋請求項数×六百円
・七年～九年：毎年二万四千三百円＋請求項数×千九百円
・十年～二十五年：毎年八万一千二百円＋請求項数×六千四百円
（特許庁ホームページより、二〇〇八年一月現在）

したがって、このように年々増加する費用を支払ってでも特許権の効力を維持する価値があるのかどうか、よく検討することが重要です。なお、特許権が不要になったときは、この特許料の支払いを停止することにより、自動的にその特許権を消滅させることができます。

日本の企業は、米国企業に比べると、一企業あたりの特許の出願／保有数は多いのですが、特許権の売上／利益に対する貢献度を見ると、圧倒的に米国企業の方が高いといわれています。これは、多くの日本企業が、現場のボトムアップで特許権を生み出しているのに対し、多くの米国企業では、まずトップに明確な事業戦略があり、その方針に沿って必要な特許権を取得しているからではないか、といわれています。

特許権は企業の無形資産であり、本来効率的な活用が求められるものです。また、前述のとおり、特許の権利を維持するためのコストも発生しますので、定期的に、そのコストに見合う収益を上げているかどうかについて評価し、保有する特許権の有効な活用方法を検討し続けなければなりません。

## Question 5

# 特許権の価値はどのように評価したらよいか？

我が社はエアコンなどの製造を行っている中小企業です。これまで、研究開発スタッフが開発した技術は、積極的に権利化するようにしてきました。ところが、先日銀行の担当者と話していたところ、「御社の特許権はほとんど価値がないので、すぐに処分したほうがよい」と言われました。我が社が現在保有している特許権を取得するにあたっては、特許出願担当者を決めて、時間と労力をかけて対応してきたため、納得できない思いです。特許権が価値をもたないなんてことがあり得るのでしょうか？（40代男性）

# Answer

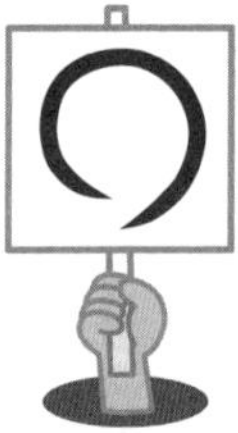

**☆特許権の価値は、その活用によって、将来のビジネスにどれだけ貢献できるかによって決まるべきもの。**
**☆取得した特許権の価値を、適切な方法で評価すべき。**

最近、家電のデジタル化等に伴い、新商品開発を進めるにあたっては他社の技術の活用が必須になってきています。こうした中、自社の取得している特許技術の利用を許諾するのと引き換えに、他社の特許技術の使用権を取得するケース（特許の「クロスライセンス」）が増えてきています。

そのため、自社および他社の特許権が、どれだけの市場価値をもっているのかについての評価が必要になる場面も増えてきました。

実際のところ、特許権の価値評価は必ずこうする、というような確定的な手法があるわけではありません。ケースバイケースで様々な方法が利用されています。しかし、一言で言ってしまえば、特許権の市場価値は、特許権の取得までにどれだけのコストをかけたかではなく、その活用によって、将来のビジネスにどれだけ貢献できるかによって決まっていきます。

つまり、実務的には、「インカム法」といって、評価しようとしている特許権を利用した事業から得られる将来のキャッシュフロー（の現在価値）をもって、その特許権の評価額とする考えに基づき、個々の特許権の市場価値を算定していきます。インカム法では、①得られるキャッシュフローの具体的金額、②キャッシュフローが持続する期間、③キャッシュフローの増加／減少の傾向、④キャッシュフローの実現に伴うリスクの種類の大きさ、などを推定していきます。その際、大きな課題になるのは、キャッシュフローの正確な予測で、実務においてはライセンス契約や自社のビジネスを通して、特定の特許権に関連するキャッシュフローを識別することが必要となります。

今回のケースではおそらく、懸案のいくつかの特許権を銀行担当者が評価した際、将来的キャッシュフローは限りなくゼロに近いと判断されてしまったのでしょう。

研究開発部門においては、新規性のある技術の開発や、その特許権取得を目的化することが多くなりがちですが、企業全体の価値向上を目指す限り、特許権の価値評価を常に念頭に置いておく必要があります。

取得した特許権の市場価値は、将来のビジネスへの貢献度合いによって決まる以上、定期的に、そのような観点での自社特許権の市場価値評価を実施していかなければならないのです。

## Question 6

# 特許の出願数は多ければ多いほどよいか？

私は某中小企業の総務担当です。先日、社長から「これからは知的財産の時代なので、我が社でも特許の出願数を社内目標に設定するように」という鶴の一声がありました。それを受け、毎年自社で十件の特許出願を行うことを目標としました。どんな特許が莫大な利益を生むことになるかの判断は難しいため、「数撃ちゃ当たる」的に、とにかく出願数をノルマとして課すことにしたわけです。ただ漫然と研究成果を待つよりも、実績が上がってくると思われますが、正しい方針と考えてよいでしょうか？（40代男性）

# Answer

**☆細かい内容の特許権を多数取得しても、収益にあまり貢献しない。**
**☆特許を出願する前に、まず経営者自らが、今後のビジネスプランを磨くことが先決。**

いわゆる「失われた十年」の九十年代を経て、二〇〇二年には政府からも「知的財産立国」を目指す方針が打ち出されました。確かに、「これからは知的財産の時代」という話を最近よく耳にします。とはいえ、それはあくまで戦略的に行われるべきものであり、ただ闇雲に特許権の取得数を増やせばよいというものではありません。

ある調査によれば、日本における特許出願のうち、特許が取得され実際に事業で活用されるまでにいたるのは全体の一割程度に過ぎないと言われています。特許の出願から取得に至るまでには、開発スタッフや施設・設備等のコストがかかっているはずですし、また取得後の維持費も無視できない金額です。なぜこのような状況になっているのでしょうか。

米国企業と比較した場合、日本企業が出願してくる特許の特徴を端的に表現すると、「細かい話が多い」「他社と似たり寄ったり」「大きな収益に貢献しない」といえます。ビジネスに直接関係があるかどうかよくわからないような、細かい発明を特許化していることが多いのです。その理由は個々さまざまかと思いますが、一般的には、特許出願の意思決定が現場からのボトムアップにより行われていること、他社に「一歩だけ」先んじることに主眼が置かれる、ということが挙げられます。特許権の活用により、新たなビジネスモデルを構築することを目指す米国企業とは、明らかに出願の姿勢が異なっているわけです。

もちろん、現場の地道な改善努力の集大成を特許権化すること自体を否定するものではありません。ポイントは、それだけでは、知的財産権が大きな収益をもたらすことはないだろう、ということです。企業での特許権取得の検討の際は、研究の現場の意見よりもまず、経営者のビジョンを優先すべきです。イノベーションを生み出すきっかけは、経営者の考え方に依存します。社員に出願数のノルマを課す前に、どんな方向性で事業を展開するつもりなのか、そのためにはどんな特許権が必要かを、演繹的に導いていくことも必要です。

例えば、今後五年以内に、自社でどのようなビジネスを新たに展開していきたいのかをまず考えます（漠然としたイメージでも構いません）。その上で、そのビジネスを展開するためには、どの分野のどんな技術の開発が必要なのかを明らかにし、研究開発スタッフと共有します。その部分が固まった上で、では概ね何件の特許権をいつまでに取得し、それをどのように活用するか、ということが見えてきます。その段階ではじめて、特許出願数の目標管理が有効になってくるのだと思います。

経営と技術をリンクさせて考えるのは難しいことではありますが、経営者の「夢のような」ビジネスプランの構築が、革新的なイノベーションの種になることは間違いありません。

## Question 7

# 独自技術は、独占し続けることが重要なのか？

私は携帯電話の製造を代行している中小企業の経営者です。先日、「携帯電話製造の最大手であるノキアが自社の特許技術を公開した」というニュースを聞きました。我が社が一円でも製造コストを下げるように日々努力をしている一方で、せっかく費用をかけて取得した特許権を無料で公開するノキアのような企業があることに驚きました。ノキアは、自社の技術を他社に真似されてもよいと考えているのでしょうか？（40代男性）

# Answer

**☆ＩＴの世界においては、自社内の技術のみで製品開発を完結することは不可能。**

**☆自社でもっている特許権をパートナー企業と共有しながら製品開発を進めたほうが効率的な場合がある。**

国内、国外にかかわらず、今、携帯電話産業はめまぐるしくその構造を変えながら、進化を続けています。中でもノキアは、携帯電話端末で世界最大のシェアを誇り、圧倒的な規模で展開しています。

ノキアは、保有する特許権（の一部）に対して、オープンソースソフトウェアの開発に従事する個人および企業が自由にアクセスできるような戦略も展開しはじめています。せっかく費用をかけて開発し取得した特許を、一般に公開するというのは、通常は考えられないことです。「ＣＳＲに絡んだノキアの慈善福祉活動の一環か？」と誤解する人もいるかもしれません。ノキアは自社開発の技術を他社に侵害されてもよいと思っているのでしょうか。

このような行動は、実は非常に合理的な根拠のもとに行われているのです（そうでなければ、株主に訴訟を起こされかねません）。

まず背景として、携帯電話端末の世界は、急速なIT化、すなわち技術動向が加速／多様化しており、ノキアといえども一社で保有している技術だけでは製品開発ができなくなったという認識があります。さらに、携帯電話端末の一台あたりの原価のうち大半は、ハードウェアの製造コストではなく、ソフトウェアの開発コストであり、しかも、その大部分が他社へのロイヤルティ支払いであるともいわれています。

つまり、どうしても他社／他人の技術を活用しなければならなくなったわけですが、効率的に他社／他人の技術を活用するためには、お互いの情報を共有し、共同で製品開発を進めていくことが重要になります。その際、特許のような排他的な権利をもっていると、その権利調整で時間がかかってしまい、円滑な情報共有／共同開発に支障が生じてしまいます。そこで、共同開発に関連する特許権はあらかじめ公開とし、パートナーである企業や個人がノキアの特許権に抵触するかどうか気にせずに開発に専念できる環境を作ることにより、開発／イノベーションのスピードを上げていこうと考えるにいたったのです。

したがって、企業のポジション／戦略の方向性によっては、あえて自社の特許権を公開／共有することで、共同作業のプラットフォームを構築し、製品開発のスピードを上げていくことが、最善の選択肢となる場合があるのです。

今後進んでいくであろう家電や情報インフラのますますのＩＴ化の中で、独占すべき技術と共有すべき技術の峻別は、製造業のビジネス戦略において、必要不可欠な課題となっていくでしょう。

## Question 8

# 知的財産の管理は、土地、建物などと同じ要領でよいか？

中小企業の法務担当者です。先日社長から、「自社内の知的財産についても、自社所有の建物や備品と同じように、資産として管理してほしい」といわれました。知的財産は目に見えない無形財産なので、管理といわれてもピンときませんが、ひとまず、土地、建物などの有形固定資産と同様に処理してみようと思っていますが、問題ないでしょうか？（30代男性）

## Answer

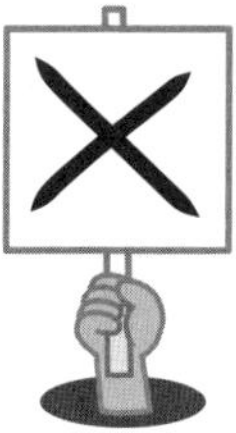

**☆既に権利化されている知的財産権の「本当の価値」を把握する必要がある。**
**☆文書化されていない「頭の中にあるアイデア」も知的財産として掘り起こすべき。**

自社所有の固定資産の管理は、例えば、パソコンの管理であれば、まず管理責任者を決め、その責任者が定期的にすべてのパソコンが実在することを確かめ、さらに故障や滅失の有無、所在場所などをチェックして、固定資産台帳に登録されているパソコンに関するデータが正しく更新されていることを確認する、といった流れで行われます。社長の指示は、パソコンのような有形固定資産だけでなく、特許権のような無形の固定資産についても同様の手法で、把握・管理してほしい、という趣旨と理解することができます。

特許権のような無形の固定資産の管理についても、一応、有形固定資産と同様に、会社の中で管理責任者を決め、その責任者が定期的に実在する特許権等を確認し、固定資産台帳と突き合わせ、必要あれば加筆・修正していく、といったことが出発点となります。

しかし、有形固定資産の管理とは異なる、難しい問題があります。それは、特許権などが目に見えないため、実在するのかどうかは文書上でしかわからず、さらに、その特許権などの価値が現時点でどれくらいあるのかの判別が難しいということです。今後、ビジネスが一層IT化、サービス化していく中で、多くの企業でこのような無形の固定資産の計上額は膨らんでいくことでしょう。その管理を正確に行うことの重要性は増していくばかりです。

では、土地、建物などと同様には管理できない無形財産に、どのように向き合えばよいのでしょうか。まず、特許権のように既に権利化されている知的財産の「本当の価値」を把握するため、一定期間ごとに「知的財産権の棚卸し」をする必要があります。例えば、①現在の業務上必要なもの、②潜在的に必要性のあるもの、③他社へライセンスできるもの、④業務上利益がないもの等に分類し、例えば④については、固定資産から除却することにより、知的財産権の維持・管理コストを削減していくということです。

さらに、「固定資産台帳に登録することができない知的財産」をどのように管理していくか、ということも重要です。つまり、すぐに権利化することができない、技術者の頭の中にある新技術のアイデアなどをどのように可視化し、評価していくかという問題です。問題解決の一例としては、形式ばらない「アイデア台帳」の作成による脳内アイデアの文書化が考えられます。ここまで突き詰めていくと、企業の「人材」は即「人財」であることが実感されますが、こうした試行錯誤の取り組みを進めることが、競争力のある企業を育てる無形財産の管理につながっていくと考えられるのです。

## Question 9

# 協力関係にある企業を、権利侵害で訴えることができるか？

私は、あるベンチャー企業の営業担当役員をしています。今回自社で開発した健康器具「乗馬ボーイ」は、その独特の形状や動きに技術的な特色があり、販路開拓もうまくいきつつあります。ところが先日、とある医療・健康器具の展示会を訪れたところ、某大手企業が、我が社の器具と見間違える製品を自社製品として展示しているではありませんか。この大手企業とは、販路開拓で協力関係にあり、我が社の製品情報についても共有してきたので、裏切られた気持ちです。この大手企業を訴えることはできますか？（30代男性）

# Answer

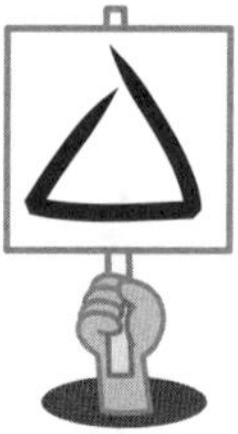

☆独自の技術等について特許権を取得していれば、特許権の侵害で訴えることができる。

今回のケースでは、自社製品の独自技術について、特許権を保有しているかどうかが問題となります。既に特許権を取得していたなら、自社特許権の侵害（被疑）品を販売している企業を、特許権侵害で訴えることはできます。相手が大手であろうが、協力関係にあろうが、そうしたこととは関係なく、公明正大に法律に則って制裁を要求できるのです（実務的にはまず、ライセンス契約交渉が優先されます）。

訴えた場合、販売の差し止め等ができるかどうかは、相手企業が行った行為が、特許法一〇一条の「侵害とみなす行為」に当てはまるかどうかで判定されます。「自社の器具と見間違える」というのが、どの程度の模倣具合で、それによりどれほどの損害を被るか、といったことが争点になります。

Question 10

# 海外で偽物を製造・販売している業者を訴えることはできるか？

私は大手スポーツ用品のメーカーで、テニスシューズの商品企画を担当しています。先日、中国駐在の担当者と話したら、先月出したばかりの新製品の偽物が、既に大量に出回っているという話でした。今回の新製品は、新たなロゴマークとデザインが売りで、三年の歳月と数億の費用をかけて企画・開発した逸品です。それが発売直後に安易に偽造されていることに憤りを感じます。すぐにでもこの業者を訴えたいのですが、可能でしょうか？（20代男性）

# Answer

**☆偽造品が出回っている国においても意匠・商標等の権利を取得していれば、模倣した企業を訴えることは可能。**

**☆すべての模倣品を発見することは難しく、現地政府による販売段階での取締強化を期待するほかない。**

今回のケース、もしも懸案の新しいテニスシューズの意匠・商標が、偽物が出回っている当該国においても国際登録されているのであれば、これを偽造・販売している業者を訴えることは可能です。

スポーツ用品などのブランド品の安価な偽物品が流通すること（意匠・商標権の侵害）は、正規のメーカーがその製品を作るためにかけた費用の回収が困難になることを意味し、結果として優れた製品が世の中に提供されなくなってしまうことから、企業活動にとって深刻な影響を及ぼすものといえます。

日本国内における偽物品の被害は、警察等による取り締まりが機能しているようで、比較的少ないのですが、現在の深刻な被害の大半が、海外、特に中国で発生しています（二〇〇四年の特許庁報告書によると、中国におけるこれまでの日本製品の模倣品／海賊版の被害額は、推計九・三兆円）。

元来、知的財産権は「属地主義」と言われ、権利の申請、取得を行った国の国内でのみ効力が発生することが原則で、せっかく日本で権利を取得しても、海外ではその効力は発生せず、模倣品が野放しになってしまう、という悩みがありました。

そこで商標については、「標章の国際登録に関するマドリッド協定についての議定書」が一九九五年十二月に発効されました。これは、商標について、世界知的所有権機関（WIPO）国際事務局が管理する国際登録簿に、国際登録を受けることにより、加盟国（中国を含む）間での商標の保護を確保できることを内容とする条約です。これにより、一回の手続きで、加盟している各国での権利取得が可能になり、手続きが大幅に簡素化されました。国際登録の存続期間は、国際登録日から十年で、その後も更新していくことができます。

このように、国際的な商標制度の整備は進んできましたが、実際には、すべての模倣品を発見し、それを製造・販売している業者を特定し、商標権の侵害について訴えを起こすことは難しいのも事実です。商標権の侵害の大半が中国等アジア諸国で発生していることから、現地政府による一層の取り締まりを求めていく必要があります。

# Question 11

## 退職者によるノウハウ漏洩を訴えることはできるか？

私は中古バイクの売買を行う中堅企業の社長をしています。営業部長が突然退職したと思ったら、競合する中古バイク販売会社を立ち上げ、我が社が独自で行っていた査定ノウハウをそのまま使っているようなのです。特に、書面や媒体化された情報を盗んだわけではないようですが、彼の頭の中に残っていた我が社のノウハウを流用しているのです。何とかして彼の事業をやめさせたいのですが、可能でしょうか？（50代男性）

# Answer

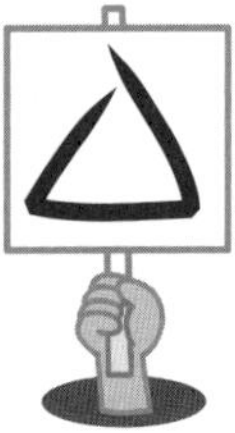

☆知的財産権の制度下で、退職社員による権利侵害を訴えるのは難しい。
☆就業規則や誓約書などを活用して、退職後のノウハウの漏洩を防止していくことが現実的な解決策。

退職した元従業員が、在職時のノウハウを利用して競合会社を立ち上げ、営業活動を始めてしまったというケースです。特に、書面や媒体での「持ち出し」の事実があったわけではなく、ある意味では「経験の持ち逃げ」といった様相です。ここでは、訴えを起こしたい社長と、競合会社を立ち上げた元営業部長の立場を整理してみましょう。

社長としては、元営業部長の行為は、不正競争防止法にいう「営業秘密」の不正使用だと考え、営業活動の差し止め、損害賠償の請求をしたいと思っています。一方で、元営業部長としては、在職時に得たノウハウは、雇用関係の中で獲得した職業能力であり、この活動を妨げることは、憲法で保証されている職業選択の自由を侵すに等しい行為であり、認められない、と主張してくるはずです。

もしもこの元営業部長が、顧客名簿や各種の情報を、書面や媒体で持ち出していた、ということなら、刑法の窃盗罪や横領罪にあたる可能性があり、場合によっては著作権法違反にもなり得るでしょう。営業秘密の中には、知的財産権法などによる保護を受け得るものがあるのは事実です。

しかし、現在の企業活動はどんどん複雑になっており、知的財産権法上、一般には権利の対象とは認められないものが、競合他社にとっては非常に価値のあるものになるケースが多々あります。業界独特の営業ノウハウや顧客管理方法などが一例です。今回のケースは、まさにこれに該当するため、元営業部長の行為をやめさせられるかどうかは一概にはいえず、ケースバイケースで裁判所の判断を仰ぐほかありません。

永年勤続が減り、人材の移動が激しい昨今、このようなケースに対処していくためには、事前の社内諸規定・誓約書・契約書などの整備という、自助努力による情報保護が必要になります。具体的には、就業規則など社内規程に、企業秘密管理に関する規定を追加したり、従業員の秘密管理意識を高める上で秘密保持手当てを支給したり、といった対策が考えられます。人の脳は、知的財産を生み出す源泉になると同時に、格好の記録媒体にもなってしまうため、退職社員によるノウハウ漏洩の問題は、永遠に議論が絶えることはないでしょう。

# 終　章　「交通ルール」としての知的財産権の知識

## 十年一昔 筆者が社会人になった頃

今から十年前、読者の皆さんはどんなふうに過ごしていましたか? 二十年前は?

筆者は、一九七三年二月生まれのいわゆる団塊ジュニア世代です。この世代の出生数は二〇九万人(「人口動態統計」より)。二〇〇六年の出生数が一〇九万人ですから、今の約二倍にもなります。子どもの頃から、入試や就職活動など、競争相手が多く大変でした。さらに、一九九一年秋に日本のバブル経済が破綻したため、筆者が大学四年で就職活動をしていた一九九四年は、大手企業が揃って採用を大幅削減した時期でもあります。「就職氷河期」という言葉が流行語になったのもこの時期。その二~三年前、バブルを謳歌した先輩達は、早々に都市銀行や商社などの内定をもらって、豪勢な内定者旅行なぞに参加したという話も耳にしましたが、我々の中には、そんな派手なイベントを経験した者はいなかったと記憶しています。我々団塊ジュニア世代は、良くも悪くも、社会人としてバブルの恩恵を被っていない世代なのです。

また、その時代はまだ「古き良き日本経済の秩序」がなんとか維持されていました。バブル景気は終焉したものの、依然大企業は安泰という空気が残っており、多くの学生たちは暗黙の企業格付けに照らし、それぞれの業界でできるだけ上位の企業に就職することを目指しました。今は存在しない日本興業銀行に就職した友人は、他の都市銀行に就職した友人よりも、当時は「勝ち組（エリート）」に見えたものです。先日テレビでも放映された「華麗なる一族」で描かれていたエリート一族の日常、活動様式は、今となっては時代劇のようですが、我々が就職活動をしていた当時は、まだあのような世界も一部にはあったと思います。

しかし、その後数年のうちに、日本の産業構造は、金融機関の不良債権・貸し渋り問題をきっかけに、大きく変わっていきました。目立った出来事だけでも、一九九七年の山一證券の自主廃業、九八年の日本長期信用銀行の一時国有化、二〇〇〇年の第一勧業銀行・富士銀行・日本興業銀行の合併などなど。大企業といえども永遠に安泰ではないという、今となってはそれほど驚くべきことでもない真実に、ようやく皆が気付いたのがこの時期です。以降、大学生の就職活動は多様化が進み、外資系の金融機関やコンサルティングファームなどを志望する優秀な学生が増えたと聞きます。

筆者ら団塊ジュニア世代は、バブルの恩恵を受けた世代でもなく、また産業構造の変化後の多様な選択肢の中で就職活動を進めた「目が覚めた」世代とも異なる、いわば「谷間の世代」として、当時就職活動をしていたと言えます。そうして十年強という時間を、社会人として過ごしてきました。

## ＩＴ技術の進展と「個」の自覚

「はじめに」にも書かれているＩＴ技術が進展した時期は、ちょうどこの十年と時代を同じくしています。この時期は、インターネット技術やデジタル技術の進展により、「よらば大樹」の価値観から「個」に立ち返り、アイデアの価値も「個」に根ざすことが自覚されるようになった時代と言えます。知的財産権をめぐる環境変化を見るという意味でも、ちょうどよい期間なのです。

この時期に起きた変化を個人の観点から見れば、生活の中にインターネットが入り込み、グローバルでの情報の収集・発信が格段に容易になりました。例えば、パソコンや携帯電話でインターネットに接続し、世界中の情報を瞬時に閲覧したり、ホームページやブログを作成して広く情報発信することができるようになったのです。また、写真や音楽などを簡単に加工し、一つの素材から数々の派生物を生み出せるようにもなりました。

筆者は、こうした一連の時代の流れを、「個人と個人が直接つながり、他人を介していたことが、自分でできるようになった」ことだと捉えます。例えば、筆者が留学準備をしていた一九九〇年代後半、まだグーグルは普及しておらず、インターネットによる情報検索も十分に行えませんでした。当時は、留学準備を専門とする予備校に高いお金を払って入学し、そこから情報を取得したり、大使館に問い合わせたりしていたのです。しかし、今もう一度留学の準備をするのであれば、直接志望する大学のサイトから簡単に豊富な情報を取得できるし、多数の現役留学生のブログから生の声を取得できることでしょう。明らかに、「他人を介さず自分で」情報収集できるようになっているのがわかります。

また、情報の発信も個人でできるようになりました。かつては、広く世の中に対して意見を述べるためには、「それなりに名が知れている人」(「有識者」)になる必要がありました。そうでなければ、メディアに採用してもらえなかったからです。かつては、「無名だが実は凄いことを考えている人」は、情報を広く発信する機会をもてませんでした。同時に、個人が特定の分野について「凄いことを考えるためのインフラ」も整っていなかったといえます。

現在は、誰でも簡単に、特定のテーマについてインターネットで情報収集し、考えたことをブログやミクシィなどのSNSで発信することができます。ひとたび情報発信を始めれば、ネット上で「同好の士」が自分を発見してくれて、やりとりが始まり、様々な情報がさらに入ってくるようになります。例えば、ミクシィでフランスに関連する事柄についてちょっと調べてみると、既に千件以上のコミュニティがあり、グルメ・学問・アート・音楽といったそれぞれの分野で、かなりディープなやりとりがなされ、情報が蓄積されているのがわかります。インターネット上のコミュニティ内に蓄積されている知識レベルは今や、ちょっとした従来の一有識者のレベルをはるかに凌駕していると言ってよいでしょう。

このように、今の世の中では、この十年の間に進展したインターネット、デジタル技術により、仲介者や有識者を経由せずに、個々人が直接インターネット上でリッチな情報（画像、映像を含む）の受発信ができるようになってきています。「主張・アイデアをもつ個人」が、世の中の主役になろうとしているのです。

## 「交通ルール」は知っておいた方がよい

ここまでの流れを見ると、これまで社会や会社の組織の「一員」として存在してきた個人が、ＩＴ技術の力を得て組織の垣根を越え、「個」として自由に活動できる世界が来たかのようにも見えます。実際、ブログやＳＮＳなどを通じて、水を得た魚のごとくネットの海を泳ぎまわっている人もいるようです。しかし、こうした主役たる「個人」も、注意しなければならないことが一つあります。それは、インターネットの世界における「交通ルール」。

インターネットの世界では現状、個人は自由に情報の受信・発信ができます。しかし、この世界での最低限の「交通ルール」を知らなければ、赤信号でも停車しなかったり、左折者を無視して先に右折したり、そこここの交差点で事故が起きるかもしれません。インターネットの世界を行き来するにあたり、最低限注意しなければならない「交通ルール」が、本書で解説している「知的財産権に関する知識」なのです。詳しくは本書の前半で触れていますが、個人のブログが知らず知らずのうちに、他人の知的財産権を侵害している（＝法律違反）可能性もあるのです。知的財産権の侵害は、交通事故と違って人的な被害はありませんが、ひとたび侵害が起これば、経済的な被害が甚大になる時代です。そのような面倒な事態を避けるため、最低限の知的財産権に関する知識をもった上で、インターネット上での情報の受発信を行うべきでしょう。

また、個人にとどまらず企業にとっても、知的財産権に関する正しい知識の獲得が重要になってきました。日本政府が知的財産立国を標榜し、日本企業も（俯瞰的には）「有形のものづくり」から「無形の知的財産権」によって利益を稼ぎ出す方向にシフトしています。では、あまねく日本企業（ビジネスを行う個人も含む）は、これから積極的に特許等の知的財産権を取得していくべきかというと、話はそれほど単純ではありません。詳しくは本書の後半で触れていますが、個々の企業が置かれた環境や将来のゴールを見据え、出願・取得にかかる費用対効果を正しく認識して、ケースバイケースで打ち手を変える、そんな柔軟さがより求められる時代であるということです。

以上、インターネットの世界においても、個人も、企業も、「交通ルール」として、知的財産権に関する最低限の正しい知識をもつことが必須だということが、本書で伝えたかったメッセージです。

本書は、他の知的財産権の専門書とは異なり、比較的身近な目線で、個人および企業が直面する知的財産権に関する問題の解決策をQ&A方式で提示する形態をとりました。本書が、インターネットの世界で自己実現を図ろうとしている個人・企業にとって、何かのお役に立てれば幸甚です。

最後になりますが、本書の執筆にあたり、数多くの方々のご協力をいただきました。このような機会を与えていただいたソフトバンク クリエイティブ株式会社と、気まな著者陣を暖かく見守りサポートしてくださったAQUA STONE株式会社の中西さんにも、心から感謝を申し上げます。

二〇〇八年一月　早坂昌彦（著者代表として）

著者略歴

## 前岨 博（まえそ ひろし）

東京丸の内・春木法律事務所 弁護士。平成10年早稲田大学第一文学部卒業。平成14年弁護士登録（第二東京弁護士会）。企業法務全般のほか、コンテンツ・ビジネスやエンターテインメント・ビジネスなど知的財産権を利用した新しいビジネスへのリーガル・アドバイスを行う。主な著書に『実務入門 基本からよくわかる知的財産権』（JMAM）など。（e-mail：maeso@tmhlo.jp）

## 早坂昌彦（はやさか まさひこ）

株式会社ディー・エル・イー 海外事業部長。平成7年慶應義塾大学経済学部卒業。経済産業省に入省し、その後マンチェスタービジネススクール（MBA）、IBMビジネスコンサルティングサービスを経て、映像コンテンツビジネスのベンチャー企業であるディー・エル・イーに参画。知的財産権を利用したビジネスの事業戦略、海外展開、経営管理の仕組み構築などを強みとしている。

## 石塚秀俊（いしづか ひでとし）

（株）AQUASTONE代表取締役。平成４年東京工業大学大学院修了。伊藤忠商事（株）入社、子会社の最年少社長を経験後、外資系コンサル会社のシニアマネージャー、中古車流通会社・事業部長等を歴任。平成18年コンサルとデザインの融合を目指し（株）AQUASTONE設立。各種コンセプト提案等実績多数。

ソフトバンク新書 066

そのブログ！「法律《ほうりつ》違反《いはん》」です

知らなかったではすまない知的財産権《ちてきざいさんけん》のルール

2008年2月29日 初刷第一刷発行

著 者：前岨《まえそ》 博《ひろし》・早坂昌彦《はやさかまさひこ》・石塚秀俊《いしづかひでとし》

発行者：新田光敏

発行所：ソフトバンク クリエイティブ株式会社
〒107-0052 東京都港区赤坂4-13-13
電話：03（5549）1201（営業部）

装 幀：松 昭教
組 版：クニメディア株式会社
印刷・製本：図書印刷株式会社


ISBN978-4-7973-4421-9